KB195051

복 있는 사람

오직 여호와의 율법을 즐거워하여 그 율법을 주야로 묵상하는 자로다.
저는 시냇가에 심은 나무가 시절을 좇아 과실을 맺으며 그 잎사귀가 마르지 아니함 같으니
그 행사가 다 형통하리로다. (시편 1:2-3)

부르심

Called to the Ministry

Edmund P. Clowney

부르심

인생의 참된 사명을
발견하고 성취하는 길

에드먼드 클라우니

이정규·황영광 옮김

복 있는 사람

부르심

2020년 1월 23일 초판 1쇄 발행
2024년 5월 17일 초판 5쇄 발행

지은이 에드먼드 클라우니
옮긴이 이정규·황영광
펴낸이 박종현

(주) 복 있는 사람
주소 서울특별시 마포구 연남동 246-21(성미산로23길 26-6)
전화 02-723-7183(편집), 7734(영업·마케팅)
팩스 02-723-7184
이메일 hismessage@naver.com
등록 1998년 1월 19일 제1-2280호

ISBN 978-89-6360-338-4 03230
이 도서의 국립중앙도서관 출판예정도서목록(CIP)은
서지정보유통지원시스템 홈페이지(http://seoji.nl.go.kr)와 국가자료공동목록시스템(http://
www.nl.go.kr/kolisnet)에서 이용하실 수 있습니다. (CIP 제어번호: 2020000353)

Called to the Ministry
by Edmund P. Clowney

차례

옮긴이의 글

30대 초반 무렵, 제 마음은 마치 소년과 같았습니다. 그 당시 목회자의 길을 두고 심각하게 고민하고 있던 저는, 가슴 벅찬 흥분과 기쁨을 느끼다가도 슬며시 밀려오는 두려움과 압박감에 괴로워하고 있었습니다. 하나님의 말씀의 부요함과 풍요로움을 생각할 때에는 복음을 힘껏 전하고 싶은 열망에 불타올랐지만, 죄인인 저 자신을 마주하면 어느새 두려움에 휩싸이곤 했습니다.

그때 저는 하나님의 섭리로 『모든 성경에서 그리스도를 설교하라』*Heralds of the King*라는 제목의 설교집을 원문으로 읽게 되었는데, 묘한 흥분과 더불어 엄청난 기쁨을 누리게 되었습니다. 이 책은 에드먼드 클라우니에게 영향을 받은 열한 명의 제자들이 그의 가르침을 기리며 '클라우니의 영향력을 가장 잘 보여주는' 자신의 설교를 한 편씩 헌정한 책이었는데, 그리스도와 그분이 하신 일을 드러낸다는 측면에서 모든 설교가 참으로 아름다웠습니다. 저는 팀 켈러Timothy Keller의 '아무도 원하지 않았던 여인'이라는 제목의 설교를 주목해서 읽었는데, 아무도 원하지 않던 저 같은 사람들을 위해 친히 아무도 원하지 않았던 존재가 되신 그리스도를 들여다보며 기뻐했던 기억이 납니다.

그리고 문득 궁금한 마음이 들었습니다. '이렇게 아름다운 설교를 할 수 있도록 도운 에드먼드 클라우니라는 사람은 대체 어떤 사람일까?' 각 저자들은 서문에서 자신이 클라우니에게 받았던 영향을 언급하며 그와 관련된 에피소드를 이야기해 주었는데, 제 마음속에 '아, 나도 이런 스승이 있었으면' 하는 생각이 들었습니다. 저는 즉시 에드먼드 클라우니라는 이름이 적힌 모든 책을 샅샅이 뒤졌고, 그중에 그가 '사역으로의 부르심'에 관하여 집필한 책이 있다는 이야기를 듣고 서둘러 구해서 읽기 시작했습니다. 그리고 이내 엄청난 자유를 누릴 수 있었습니다.

사실 저는 그 이전에도 목회자의 길을 두고 고민하는 이들을 위해 쓰인 책을 많이 읽었었습니다. 그 책들이 전혀 유익이 없었던 것은 아니지만, 한편으로 교만하고 다른 한편으로는 두려워하는 제 마음을 어루만지고 달래 주며 진정한 자신을 들여다보게 해주지는 못했습니다. 저는 목회자 후보생으로서 스스로를 점검하며 이런저런 책들을 읽을 때마다 상처를 받았고 괴로워했으며 교만해졌습니다. 목회자가 되는 조건에 부합한다는 생각이 들 때는 한껏 가슴이 부풀어 오르다가도, 그렇지 못한 모습을 볼 때는 버려진 것처럼 한없이 비참해졌습니다. 하지만 클라우니의 책은 달랐습니다. 이 책은 우선 우리를 부르시는 하나님이 얼마나 좋은 분인지를 가르쳐 주었던 것입니다!

좀 더 자세히 이야기해 볼까요? 에드먼드 클라우니의 『부르심』*Called to the Ministry*은 사역으로의 부르심을 이야기하기에 앞서 우리의 이름을 아시고 부르셔서 새로운 정체성을 주시는 복음의 부르심을 이야기합니다. 그 정체성은 무엇일까요? 바로 예수 그리스도입니다! 그분은 완전한 하나님이시며 동시에 의로우신 사람으로, 우리와 자신을 동일시하십니다. 가만히 생각해 보십시오. 우리는 동일시하는 것을 굉장히 싫어합니다. 우리는 왕따와 동일시되는 것을 싫어하고, 눈치 없고 인간관계에 서투르며, 괴팍하고 연약한 사람과 한 무리로 묶이는 것을 꺼립니다. 그러나 예수 그리스도께서는 자신과 죄인들을 동일시하셨습니다. 저와 당신 같은 죄인들에게 오셔서 하나가 되시려 하십니다! 이것이 바로 그분의 부르심입니다. 우리를 비참에서 건져내어 그분의 영광으로 부르시는 것이지요. 저희 교회 목회자 후보생인 한 형제의 표현을 빌려 표현하면, "우리의 위치는 그리스도 안이며, 우리의 가치는 그리스도만큼입니다!"

이 책의 첫 장을 읽을 때 제 마음은 이내 녹아내렸고 다음과 같은 생각이 들었습니다. "그래, 목회자가 되든 안 되든 상관없어. 중요한 것은 주님께서 나를 그리스도 안에서 그리스도만큼 가치 있는 존재로 부르셨다는 사실이야. 사랑이 많으신 성부 하나님께서는 나를 영원한 아들 예수 그리스도의 이름으로 부르셨어. 여기에 내 정체성이 있어! 나는 좋은 목사가 되어야 가치 있는 존재가 아니라, 있는 그대로 그리스도 안에서 가치 있는 존재야. 세상에, 나 같은 죄인에게 이렇게 커다란 은혜가 주어지다니! 목회자가 되어도 너무나 감사하고, 그렇게 되지 않더라도 너무나 감사하다!"

이렇게 나의 정체성의 뿌리를 어떤 역할에 두지 않고 그분의 이름에 두기 시작할 때, 저는 마음 깊이 목회자로의 부르심을 확신하게 되었습니다. 전처럼 교만과 두려움 가운데 정체성을 확인해 가는 것이 아닌, 그리스도 안에서 내가 받은 것이 얼마나 크고 부요한 것인지에 대한 기쁨과 겸손을 통해 부르심을 깨닫게 되었지요. 그리고 그분이 자신의 교회를 얼마나 사랑하시고 그분의 말씀이 교회에 얼마나 좋은지를 알아 가며 부르심을 확신하게 되었습니다.

바로 그러한 이유 때문에 이 책은 사역자뿐 아니라 모든 그리스도인에게 매우 유익합니다. 목회자가 되는 것에 전혀 관심이 없고 사역자로의 부르심 또한 전혀 느끼지 못하더라도 모든 그리스도인은 하나님의 자녀로 부르심을 받기 때문입니다. 그리스도 안에서의 부르심을 통해 정체성을 확립하지 않고 직장인이나 사업가, 예술가나 법률가, 학생이나 부모, 장로나 권사 등의 역할을 통해 자신의 정체성과 가치를 확인하려 든다면, 여전히 교만과 두려움 가운데 싸여 있을 수밖에 없습니다. 클라우니는 바로 이 지점에서 우리의 오해를 풀고 우리와 자신을 동일시하신 그리스도께로 우리를 인도해 갑니다.

에드먼드 클라우니를 특정한 신학 카테고리 안에 묶는 것은 무의미할 뿐 아니라 불가능합니다. 그는 설교학 및 성경신학 관련 책뿐 아니라 탁월한 성경주석과 교회론을 집필하였고, 그만큼 탁월한 학자였기 때문입니다. 그러나 이 모든 것에 앞서 그는 부르심을 받은 한 목사이며, 또한 그리스도의 이름으로 부르심을 받은 한 성도였습니다. 그리고 그 정체성 안에서 많은 성도들과 후배 목회자들을 섬기고 목양했습니다.

만일 당신이 그리스도의 지체라면, 클라우니의 목양을 통해 하나님의 부르심을 깨닫고 자신의 참된 정체성을 발견하십시오. 그리고 당신이 목사나 목회자 후보생 혹은 신학을 고려하고 있는 성도라면, 더욱더 이 책을 통해 클라우니의 목양을 받으십시오. 오직 목자가 되려고만 할 뿐 양이 되려 하지 않는 목자처럼 위험한 사람은 없기 때문입니다.

당신이 즐거운 마음으로 이 책을 읽되, 진지하게 부르심 앞에 서기를 권하고 싶습니다. 많은 믿음의 선배들이 하나님의 부르심을 깨닫고 그리스도의 주되심을 인정하며 각자 처한 자리에서 매일의 섬김 가운데 그리스도의 길을 따라 걸어갔습니다. 이 책을 덮을 때쯤이면 당신이 그저 막연하게 느끼고 있던 하나님의 부르심에 대해 기쁨과 환희에 찬 고백으로 답할 것이라 생각합니다.

저는 이 책을 제 사랑하는 친구인 황영광 목사와 함께 번역하는 대단한 특권을 누렸습니다. 부족한 부분이 있을까 한편으로 조심스러운 마음이 들지만 한국교회가 복음의 부르심과 그 부요함을 누리기 바라며 용기 있게 내놓습니다.

이정규

서문

당신을 향한 그리스도의 부르심은 무엇입니까? 이 질문에 당신
은 답을 찾아 나설 수도 있고, 질문 자체를 회피할 수도 있을 것
입니다. 하지만 주님께서 누군가를 부르셨다면, 주님 자신이 바
로 이 질문에 대한 답이 되실 것입니다. 과거에 하나님의 부르
심은 갑자기 임했습니다. 엘리야가 엘리사에게 선지자의 겉옷
을 던졌을 때 엘리사는 밭을 갈고 있었고, 예수께서 제자들을
부르실 때 레위는 세관에 앉아 있고 베드로는 한창 고기를 잡고
있었습니다.

그러면 오늘날에는 주님께서 사람들을 어떻게 부르십니까?
다메섹 도상에서 하늘의 빛을 보고 눈이 머는 일은 없지만, 다

소의 사울처럼 "주여, 내가 무엇을 하기 원하시나이까?" 하고 말할 준비가 되어 있는 사람이 있을지도 모릅니다. 이 질문에 주님께서는 어떻게 응답하실까요?

우선, 이 응답이 주님 자신으로부터 나와야 한다는 것을 분명히 밝힙니다. 자신감이라든가 사람들 사이에서의 좋은 평판은 주님의 응답으로 그리 신뢰할 만한 표지가 되지 못합니다. 갈릴리 바닷가에서 말씀하셨던 그리스도의 음성은 이제 더 이상 들을 수 없지만, 그렇다고 주님께서 아무것도 남겨 놓지 않고 제자들을 떠나신 것은 아닙니다. 우리는 다름 아닌 그분의 기록된 말씀 곧 성경을 가지고 있습니다. 그리스도의 영이신 성령께서는 선지자와 사도들을 통해 주님을 증거해 주셨습니다. 우리가 여러 갈림길 위에 서게 될 때, 하나님의 말씀은 우리 발의 등불이 됩니다.

그렇다면 성경은 그리스도의 부르심에 대해 무엇이라고 말할까요? 우리는 주님께서 우리를 이름으로 부르신다는 사실을 깨닫습니다. 즉 모든 그리스도인에게는 하나님의 자녀와 종으로서 받는 부르심이 있다는 것입니다. 주님께서 우리를 이름으로 부르실 때, 그 부르심을 통해 우리에게는 정체성과 사명이 주어집니다.

이 책을 통해 먼저 모든 그리스도인을 향한 주님의 부르심을 생각해 본 뒤, 신약성경이 복음사역자로의 부르심에 관해 무엇이라고 말하는지 살펴보도록 하겠습니다.

I

하나님의 부르심이란 무엇인가

1.
이름을 부르심

부르심은 하나님의 창조의 선물이다

하나님의 부르심을 이해하기 위해 사람들이 당신을 어떻게 부르는지 생각해 봅시다. 당신의 진짜 이름은 무엇입니까? 그것은 아마 운전면허증에 나와 있지 않을지도 모릅니다. 조상의 직업을 따라 영문 이름을 지은 지 여러 세기가 지났습니다. 이제 조지 베이커baker, 제빵사라는 사람이 배관공plumber이 되어도 누구도 그를 조지 플러머로 바꾸어 부르지 않습니다. 찰리 아스트로넛Astronauts, 우주 비행사이나 잭 드러기스트druggists, 약제사 같은 이름도 없습니다. 아버지의 성이 로버트슨이든 존슨이든 스미스이든 상관없이 그 성을 물려받고, 부모가 그를 위해 **지어 준** 이름 또한 가지게 됩니다.

이름 안에는 무엇이 담겨 있습니까? 그 대답은 당신이 가진 이름이 누구의 것이며 누가 지어 준 것인지에 따라 달라집니다. 아들이 아버지로부터 물려받은 성을 자랑스러워할 수도 있고, 새 신부가 (남편의 성을 따라) '미세스 로버트 존슨'이라 불리는 것에 의미를 부여할 수도 있습니다. 하지만 우리의 이름은 그 자체에 어떤 의미를 담지 못한 채 그저 하나의 관례가 되어 버리고 말았습니다. 물론 문학적 향취 속에서 한 소년에게 '카시우스'(셰익스피어의 작품 『줄리어스 시저』에 등장하는 인물―옮긴이)라는 애칭을 붙일 수도 있고, '모트 아저씨'Uncle Mort가 자신의 유서를 수정하기를 바라는 마음에서 '모티머'Mortimer라고 이해타산적으로 부를 수도 있습니다. 하지만 보통 우리의 이름은 어떤 의미도 가지지 않습니다.

하지만 하나님이 사람을 부르실 때는 그렇지 않습니다. 하나님이 이름을 부르실 때, 그 이름은 그의 부르심을 말해 줍니다. 당신의 진짜 이름은 하나님이 주시는 이름입니다. 그 이름을 이해하고 당신의 소명으로 삼으십시오. 우리는 그리스도인으로서 두 개의 이름을 가지고 있는데, 두 이름 모두 우리에게 **주어진** 것입니다. 이렇게 하나님이 주신 이름들 중 마지막 이름 곧 성(姓)은 언제나 먼저 오며 모든 그리스도인이 그 이름을 지니고 있습니다. 그 이름은 우리를 하나님의 아들이라 일컫게 하는데, 이는 그것이 하나님 자신의 이름이기 때문입니다. "내 아들들을 먼 곳에서 이끌며 내 딸들을 땅끝에서 오게 하며 내 이름으로 불려지는 모든 자 곧 내가 내 영광을 위하여 창조한 자를 오게 하라. 그를 내가 지었고 그를 내가 만들었느니라"(사 43:6-7).

하나님의 이름으로 부르심

모든 그리스도인은 엄숙하게 하나님의 이름을 받았습니다. 그리고 성부와 성자와 성령의 이름으로 세례를 받았습니다. 또한 그리스도인들은 교회에 갈 때마다 축도를 통해 삼위 하나님의 이름으로 축복을 받습니다. 구약의 제사장 역시 하나님의 이름으로 축복하도록 명령받았습니다. 하나님은 "그들은 이같이 내 이름으로 이스라엘 자손에게 축복할지니 내가 그들에게 복을 주리라"고 말씀하셨습니다(민 6:27).

당신의 부르심에 대해 한 가지 질문해 보겠습니다. 당신은 하나님의 이름을 가지고 있습니까? 구약 시대 성전에서 제사장들은 '여호와께 성결'이라고 새긴 순금 패를 이마에 붙이고 있었습니다. 요한계시록에서 요한은 하늘의 산 시온에서 성도들의 이마에 그리스도와 그 아버지의 이름이 적혀 있는 것을 보았습니다(계 14:1). 앞서 요한은 다른 끔찍한 것을 보았는데, 작은 자나 큰 자, 부자나 가난한 자, 자유인이나 종이나 할 것 없이 이마에 사탄 짐승의 표가 있었던 것입니다(계 13:16).

결론은 다음과 같습니다. 하나님의 형상으로 지음받은 인간이 자신의 이름을 숨기고 중립적 태도를 취하기란 불가능하다는 것입니다. 하나님을 경배하거나, 아니면 하나님을 모독합니다.

구원은 하나님이 그분의 이름을 당신의 이마와 손과 심장에 새기는 것입니다. 하나님은 당신을 그분의 것으로 삼으셔서 그 이름을 당신에게 주십니다. 그분의 부르심은 능력과 함께 옵니다. 에스겔 선지자가 하나님 백성의 거대한 무덤을 보았는데, 마른 뼈가 죽음의 골짜기에 가득했습니다. 이러한 상황 가운데 그가 "너희 마른 뼈들아, 여호와의 말씀을 들을지어다"라고 외치자, 눈앞에서 놀라운 부활이 일어나게 됩니다(겔 37장). 하나님은 죽은 자의 하나님이 아니라 산 자의 하나님이십니다. 그분의 이름은 생명입니다.

그리스도의 부르심은 뽕나무 위에 호기심 가득한 모습으로 앉아 있던 삭개오에게도 임했습니다. "삭개오야, 속히 내려오라"(눅 19:5). 또한 소망 없이 무덤에 묻혀 있던 나사로에게도 임했습니다. "나사로야, 나오라"(요 11:43).

당신은 그러한 부르심을 받았습니까? 그리스도를 향한 부르심을 배제한 사역으로의 부르심은 존재하지 않습니다. 그분의 구원하시는 은혜를 받기 위해 참회의 간구를 하며 성도들을 품기 전에는, 감히 당신의 손을 들어 하나님의 이름으로 그분의 백성을 축복하려 해서는 안 됩니다. 사역으로의 부르심 이전에 진정 당신이 해결받아야 할 문제는 바로 그리스도를 향한 부르심입니다.

당신의 영혼을 구원하는 것이 사역에 나서는 조건이 되어서도 안 됩니다. 주님은 자신을 온전히 맡기는 자에게 그분의 복음을 맡기십니다(딤후 1:12, 14). 어떤 자질을 갖추지 못해서 구원받을 수 없다고 말씀을 전해서는 자신 또한 구원받지 못합니다. 오히려 "내게 오는 자는 내가 결코 내쫓지 아니하리라"(요 6:37)고 하신 그리스도의 약속을 주장하십시오. 주님은 당신을 받아들이시고 그분의 이름을 영원히 당신에게 주실 것입니다.

"하나님이 우리를 구원하사 거룩하신 소명으로 부르심은 우리의 행위대로 하심이 아니요 오직 자기의 뜻과 영원 전부터 그리스도 예수 안에서 우리에게 주신 은혜대로 하심이라"(딤후 1:9).

우리의 일생, 심지어 영원의 기간이 지나도 하나님의 부르심의 넓이를 이루 다 측량할 수 없습니다. 그것은 마치 지평선 이쪽 끝에서 저쪽 끝에 걸쳐 있는 무지개와도 같습니다. 생명을 베푸시는 하나님의 은혜의 부르심은 우리 구원의 원천입니다. 영광을 향해 삶을 빚으시는 하나님의 부르심은 우리 구원의 목적입니다. 참으로 우리가 받은 부르심의 무지개는 아침이 밝아오기 전 새벽부터 빛나는 하나님 은혜의 자존하는 빛을 비춥니다. 그러한 가운데 그리스도인은 놀라워하며 고백합니다. "보라. 아버지께서 어떠한 사랑을 우리에게 베푸사 하나님의 자녀라 일컬음을 받게 하셨는가. 우리가 그러하도다"(요일 3:1).

하나님의 자녀들은 하나님과 같이 되도록 부름받았습니다. 하나님의 거룩한 이름을 가진 자들은 누구나 '거룩한 자'인 성도입니다. 그저 "이름이 거룩히 여김을 받으시오며"라고 기도하는 것으로는 충분하지 않습니다. 성도는 하나님의 부르심을 이루는 삶으로 하나님의 이름을 거룩하게 여겨야 합니다. "오직 너희를 부르신 거룩한 이처럼 너희도 모든 행실에 거룩한 자가 되라"(벧전 1:15).

하나님과 동행하는 구약 성도들의 부르심은 종종 그들의 이름에서 나타납니다. 그들은 거룩한 이름인 '엘'El, 하나님 또는

'야'Jah, 여호와를 이름에 붙임으로 소명을 나타냈습니다. '엘리야'
는 '여호와는 나의 하나님'을 의미합니다. '여호수아'와 '이사
야'라는 이름은 여호와께서 구원하심을 선언합니다. 이스라엘,
사무엘, 히스기야, 요시야, 느헤미야, 스가랴는 모두 이름에 하
나님이 붙은 형태입니다. 만일 그들이 여호와 곧 그들의 하나님
께 불순종한다면, 하나님의 이름에 먹칠을 하는 셈입니다. 만일
엘리야처럼 여호와를 향한 열정으로 충만하다면, 그들의 삶은
자신의 이름의 내용을 선포하는 셈이 됩니다.

하나님의 은혜는 여기서 더 나아갑니다. 그분은 자신의 이
름을 백성에게 주시기만 하는 것이 아니라, 백성의 이름을 자신
의 것으로 삼기까지 하십니다. 하나님은 자신을 '엘 엘로헤 이
스라엘'El-Elohe-Israel, 하나님은 이스라엘의 하나님로 계시하셨습니다. 그분
은 아브라함의 하나님, 이삭의 하나님, 야곱의 하나님이십니다.
자녀들의 이름을 사용하심으로 하나님은 그 민족과 자신을 동
일시하십니다.

그렇다면 하나님은 선하심에 비해 지혜가 부족했던 것일까
요? 다시 말해, 하나님은 자기 자신을 백성과 동일시하심으로
나타날 결과를 내다보지 못하신 것일까요? 하나님의 백성은 그
분의 이름을 더럽혔고, 그 이름은 하나님의 백성을 정복하는 자

들에 의해 망령되이 일컬어졌습니다. 하나님이 이스라엘의 하나님으로 알려진 까닭에 그분의 이름이 결국 가운데 모욕을 받았습니다.

그러나 결과적으로 하나님의 은혜는 결코 헛되지 않았으며, 그 뜻도 좌절되지 않았습니다. 하나님은 먼 곳 백성과 바다의 섬들을 부르셔서 그분의 선포를 듣게 하십니다. 하나님은 땅끝까지 구원을 이루시는 참된 종을 태중에서부터 부르셨습니다. 이 종은 하나님의 이름으로 불릴 것이요(사 49:1) 참된 이스라엘이 될 것이며, 야곱 족속의 남은 자들을 회복시키고 이방의 빛이 될 것입니다(사 49:6). 그분의 이름은 기묘자요, 모사요, 전능하신 하나님이요, 영원하신 아버지요, 평강의 왕입니다(사 9:6). 그분은 임마누엘 곧 우리와 함께하시는 하나님입니다(사 7:14).

사람을 자녀로 부르시고 그분의 이름을 두시는 하나님의 목적은 그리스도 안에서 성취되었습니다. 그분의 이름은 예수(여호수아)인데, 왜냐하면 하나님은 자기 백성을 그들의 죄로부터 구원하실 것이기 때문입니다. 하나님의 이름은 그분 안에 있고, 아들로서 그분의 소명은 아버지의 이름을 영화롭게 합니다(마 17:5, 요 12:28).

마침내 하나님의 이름은 '엘 엘로헤 이스라엘'로 입증됩니다. 하나님의 이름은 그 아들 안에서 드러납니다. 우리는 하나님을 우리 주 예수 그리스도의 아버지로 알고 있습니다(롬 15:6).

예수님의 이름은 그분이 십자가에 못 박히고 하나님의 아들이라 조롱받으심으로 모독당했습니다. 그러나 하나님의 고난받는 종은 갈보리의 신성모독조차도 정복하셨습니다. "그가 남은 구원하였으되 자기는 구원할 수 없도다"(마 27:42). 예수 그리스도께서는 죽음으로써, 자신을 조롱하는 자들의 그러한 비웃음마저도 역설적으로 복음 진리로 만드셨습니다. 그분은 죄인들에게 아버지의 거룩한 이름을 주시기 위해, 십자가에 달린 자신의 몸 위에 죄인들의 죄를 두셔야만 했습니다.

당신을 자녀로 부르시고, 하나님의 이름을 받고 거룩한 자가 되도록 부르신 것은 그리스도 안에서의 부르심입니다. 선지자가 예언한 때가 마침내 이르렀습니다. 한 사람이 이르기를 "나는 여호와께 속하였다" 할 것이고, 또 한 사람은 자신이 여호와께 속했음을 그의 손으로 기록하고 이스라엘의 이름으로 존귀히 여김을 받을 것입니다(사 44:5). 유대인과 이방인을 가르던 벽은 마침내 무너졌습니다. 왜냐하면 아브라함의 참된 아들은 오직 한분뿐이시기 때문입니다(참고. 갈 3:16). 오직 그분 안에서만 참된 이스라엘이 될 수 있고, 그분 안에서 **누구나** 참된 이스라엘이 될 수 있습니다.

그 이름을 주시는 하나님의 부르심은 **그리스도의** 이름을 주시는 그리스도의 부르심이 되었습니다. 예수님의 제자들은 그분의 부활 이후에 성령으로 충만하여, 그 이름을 위해 능욕받는 일에 합당한 자로 여김받는 것조차 기뻐했습니다(행 5:41).

당신의 부르심은 그리스도 예수 안에서 하나님이 위로부터 부르신 것입니다(빌 3:14). 당신은 하나님이 사랑하시는 아들 안에서 받아들여집니다(엡 1:6). 당신은 그리스도 예수 안에서 거룩하여지고, 각처에서 우리 주 예수 그리스도의 이름을 부르는 자들과 함께 성도라 부름받습니다(고전 1:2).

당신의 이름을 부르심

그래서 당신의 성(姓)이 앞에 오게 됩니다. 당신의 성은 **그리스도인**입니다. 그리스도 안에서 당신은 하나님의 이름으로 부름받았습니다. 선지자가 약속했듯이 당신은 먼 곳에서부터 부름을 받았는데, 왜냐하면 당신이 하나님의 영광을 위해 창조되었기 때문입니다(사 43:7). 그리고 하나님은 그분께로 당신을 이끄셨습니다.

그렇다면 성이 아닌 당신의 이름은 무엇입니까? 그것 역시 하나님이 주신 것입니다. **그분 자신의** 이름으로 당신을 부르신 여호와께서는 또한 **당신 자신의** 이름으로 당신을 부르십니다. "너는 두려워하지 말라. 내가 너를 구속하였고 내가 너를 지명하여 불렀나니 너는 내 것이라"(사 43:1).

이 이름 역시 그리스도 안에서 우리에게 베푸신 것입니다. "너는 여호와의 입으로 정하실 새 이름으로 일컬음이 될 것이며"(사 62:2). 예수님은 어부 시몬을 부르실 때 '반석'이라는 의미의 베드로라는 새 이름을 주셨습니다. 현재 모습 그대로를 묘사하는 이름이 아니라, 훗날 그리스도의 제자로서 성장할 모습이 담긴 이름으로 부르신 것이었습니다.

하나님의 백성은 그리스도의 구원의 새로움에 참여합니다. 새 이스라엘은 '헵시바' 곧 '내 기쁨이 그에게 있다'는 뜻의 이름으로 불리게 됩니다(사 62:4).

성경을 읽다가 창세기나 민수기 혹은 역대기의 족보에 끝도 없이 열거되는 이름들을 보며 지루함을 느낀 적이 있습니까? 아마 그 특이한 이름들을 읽다가 발음마저 더듬거렸을 것입니다. 그렇다고 해서 그 이름들이 들어가 있지 않은 성경을 원하지는 않을 것입니다. 하나님의 백성은 이름으로 기억됩니다. 그들의 이름은 하나님의 언약책에 기록되어 있고, 주님께서는 그들을 기억하십니다. 그 이름들이 기록된 것은 하나님의 신실하심에 대한 기념입니다. 대제사장이 기도하기 위해 여호와 앞에 섰을 때, 그가 입은 에봇 가슴판의 보석들 위에는 이스라엘 지파들의 이름이 새겨져 있었습니다. 그렇게 하나님 백성의 이름이 세대를 이어 하나님의 책에 기록되어 있는 것입니다 (출 28:9-12, 17-21; 32:32, 시 56:8; 69:28).

시편 87편은 하나님이 시온의 백성을 그분의 인구조사 책에 등록하신 위대한 구원의 날을 기념합니다. 그날이 오면, 애굽, 바벨론, 블레셋, 두로, 구스의 백성 역시 하나님의 도성에서 그들의 출생 기록을 볼 수 있게 될 것입니다. 이스라엘의 옛 원수들 역시 그들 가운데 거하며 "나의 모든 근원이 네게 있다!" (시 87:7)고 노래하게 될 것입니다.

바울 역시 로마 식민지인 빌립보에 있는 이방인들에게 편지할 때 이러한 기쁨을 드러냅니다. 유오디아, 순두게, 글레멘드, 그 외의 나머지 동역자들을 향해 "그 이름들이 생명책에 있느니라"(빌 4:3)고 말합니다. 여호와를 경외하며 그 이름을 존중하는 사람들 중 여호와 앞에 있는 기념책에 기록되지 못하고 잊혀질 사람은 아무도 없습니다(말 3:16).

또한 당신의 개인적 부르심은 하나님의 백성 가운데로의 부르심이라는 사실을 묵상해 보는 것이 좋습니다. 당신은 개인적으로 부름을 받았지만 혼자가 아닙니다.

하나님이 부르신 것은 **당신의** 이름입니다. 비록 당신의 이름이 어린양의 책에 기록된 수많은 이름 중 하나에 불과하더라도, 어떤 의미에서 그것은 하나님과 당신 사이의 비밀입니다. 하나님께로부터 받은 솔로몬의 이름은 '여디디아'였습니다. 이는 "여호와의 사랑받는 자"라는 뜻입니다(삼하 12:25). 하나님이 당신에게 주신 이름은 복을 가져다줄 뿐만 아니라 하나님과의 개인적인 사랑의 교제를 가져다줍니다. 요한계시록에서 예수님은 이기는 자에게 "내가……흰 돌을 줄 터인데 그 돌 위에 새 이름을 기록한 것이 있나니 받는 자밖에는 그 이름을 알 사람이 없느니라"(계 2:17)고 말씀하십니다.

당신의 정체성의 가장 깊은 비밀이 바로 그 이름 안에 담겨 있습니다. 오직 하나님만이 당신의 진짜 이름을 알고 계시고, 바로 그 이름으로 당신을 부르십니다. 정체성을 잃어버리는 것 곧 익명성에 대한 공포는 현대 문학의 흔한 소재입니다. 매디슨 거리에 있는 사람들 역시 그러한 공포를 잘 알고 있습니다(미국 뉴욕 맨해튼에 있는 거리로, 많은 사람들이 다니는 번화한 곳에 있지만 오히려 상대적 고독감을 느끼는 상태를 암시한다—옮긴이). 최근 한 은행이 많은 사람들이 오가는 지하철에 "마린 미드랜드 은행에서 계좌번호 9957446 '해리' 님을 찾습니다"라는 광고를 붙였습니다. 이것은 대단히 매력적인 호소인데, 방대한 고객 정보를 가지고 있는 은행이 한 개인을 알고 있고 관심을 가진다는 표현이었기 때문입니다.

그럼에도 이러한 호소에는 일종의 비애가 있습니다. 어떤 사람은 그 광고를 보고 대도시 한가운데 있는 컴퓨터에서 벗어나 모두가 그를 '해리'라고 불러 줄 은행이 위치한 센터빌로 갈지도 모르겠습니다. 하지만 그가 거기서 자신을 발견할 수 있을까요? 그렇지 않습니다. 수백만의 대도시 사람들은 문제를 더 복잡하게만 할 뿐입니다. 인간 소외의 비극은 많은 사람들이 나를 모르는 데 있는 것이 아니라, **누구도** 나를 알지 못하며 나 자신조차 나를 모른다는 데 있습니다. 현대의 두려움은 인구 수백만이 더해지기 때문에 야기되는 것이 아니라, 단 한분 곧 주 나의 하나님을 제외하기 때문에 야기되는 것입니다.

참된 정체성은 사람들과의 관계 가운데 확립되는 것이 아닙니다. 왜냐하면 모든 관계는 결국 당위적인 역할을 요구하게 마련이기 때문입니다. 사람들이 새로운 역할 관계를 늘려 나가는 것은 공허함의 양상을 깨기 위함입니다. 역할에 집중하는 것이 왠지 보다 소망이 있어 보이기 때문입니다. 아내와 몇몇 친구들을 가지고 있는 사람은 은둔형 외톨이보다는 인간관계에 익숙할지도 모릅니다. 하지만 그러한 관계는 그의 전 인격이 관여될 수 없습니다. 그리고 자기와 가장 가까운 관계를 돈독히 함으로 자신의 정체성을 찾으려는 사람은 필연적으로 우상숭배에 빠지고 맙니다.

인간에게 참된 정체성을 부여할 수 있는 유일한 관계가 있습니다. 그것은 바로 창조주요 구원자와의 관계입니다. 하나님의 부르심은 단순히 어떤 역할을 부여하는 차원을 넘어섭니다. 인간이 주님을 섬기는 데 전 인격이 관여되기 때문입니다. 그 부르심은 행동일 뿐 아니라 존재이며, 봉사일 뿐 아니라 신분입니다.

당신은 누구입니까? 당신은 무엇을 하려 합니까? 이 두 질문은 서로 간에 대답이 됩니다. 즉 하나님은 무슨 이름으로 당신을 부르십니까?

분명히 이 질문들에 대답하려면 평생이 걸릴 것입니다. 베드로는 예수님께 이름을 받았지만 그 의미를 거의 깨닫지 못했습니다. 오직 그리스도께서 물에 빠진 그에게 손을 내미셨을 때, 그리스도께서 그의 믿음이 떨어지지 않게 기도하셨을 때,

대제사장의 집 뜰에서 그가 예수님을 부인한 뒤 그리스도께서 그를 바라보셨을 때, 그리스도께서 부활하신 뒤 갈릴리 바닷가 숯불 곁에 그와 함께 앉으셨을 때, 오순절 날 다락방에서, 성전에서, 산헤드린의 법정에서, 고넬료의 집에서, 사도로 부름받은 의미를 알아 가는 과정 가운데서 베드로는 자신의 이름을 깨닫게 되었던 것입니다.

그리스도를 아는 지식이 자랄 때 비로소 당신은 자신을 알게 됩니다. 자기 자신을 아는 지식은 그 자체로 목적이 될 수 없습니다. 바울은 소크라테스처럼 "너 자신을 알라"고 말하지 않습니다. 오히려 "내가 그리스도와 그 부활의 권능과 그 고난에 참여함을 **알고자 하여** 그의 죽으심을 본받아 어떻게 해서든지 죽은 자 가운데서 부활에 이르려 하노니"(빌 3:10-11)라고 말합니다. "내게 사는 것이 그리스도니"(빌 1:21)라는 말씀이 곧 바울 생애의 주제입니다.

2.

섬기도록 부르심

부르심은 하나님의 고귀한 명령이다

우리는 하나님의 이름을 가짐으로써 그분을 섬기도록 부름받습니다. 그리스도인은 주님을 따르는 제자입니다. 즉 그리스도의 이름이 그의 것이며, 그리스도의 길 또한 그의 것입니다. 그리스도의 자녀 된 신분에 대한 기쁨으로 우리는 기꺼이 섬김의 자리에 나아갑니다.

십자가로 부르심

"이를 위하여 너희가 부르심을 받았으니 그리스도도 너희를 위하여 고난을 받으사 너희에게 본을 끼쳐 그 자취를 따라오게 하려 하셨느니라"(벧전 2:21).

우리 중 누구도 인생의 여행 가이드를 미리 확보하여 가지고 다닐 수 없습니다. 하지만 그리스도께서 먼저 가신 길을 따라갈 때, 당신은 그것을 미리 볼 수 있습니다. 이는 곧 베드로가 같은 서신에서 말한 바 "이방인의 뜻을 따라" 세상의 길로 행하지 않는 것입니다(벧전 4:3). 그리스도께서는 사탄이 그 길을 제안할 때마다 거부하셨습니다. 도로시 세이어즈Dorothy Sayers(20세기 영국에서 활동한 뛰어난 작가이자 기독교 사상가—옮긴이)는 「왕으로 나신 이」라는 희곡에서 캡틴 바룩이라는 열렬한 애국자를 등장시키는데, 그는 예수님이 예루살렘으로 들어가시는 승리의 입성 전날에 예수님께 새끼 나귀 한 마리와 위엄 있는 군마 중 하나를 택하라고 요구합니다. 만일 예수님이 군마를 선택한다면 그분이 입성할 때 수천 명의 병사에게 호위하도록 하겠다고 바룩은 약속합니다. 하지만 예수님이 새끼 나귀를 선택한다면 그분은 그저 홀로 입성하게 되는 것입니다. 즉 바룩은 위풍당당한 메시아를 기다리고 있었던 것입니다.

성부의 부르심에 따라 나선 그리스도의 길은 십자가와 고난의 길이었습니다. "인자가 온 것은 섬김을 받으려 함이 아니라 도리어 섬기려 하고 자기 목숨을 많은 사람의 대속물로 주려 함이니라"(막 10:45). 그분은 제자들을 같은 길로 부르십니다. "무리와 제자들을 불러 이르시되 누구든지 나를 따라오려거든 자기를 부인하고 자기 십자가를 지고 나를 따를 것이니라. 누구든지 자기 목숨을 구원하고자 하면 잃을 것이요 누구든지 나와 복음을 위하여 자기 목숨을 잃으면 구원하리라"(막 8:34-35).

세상의 어떤 직업이 죽음으로의 길을 제시할 수 있겠습니까? 당연히 죽음이 소명일 수는 없겠습니다만, 모든 소명의 끝이 죽음이기는 합니다.

그리스도의 길을 따르게 된 사람은 자신들이 걷던 모든 다른 길로부터 돌아섭니다. 그리스도께서 받으신 소명은 죽음이었습니다. 이것은 성부 하나님이 주신 진노의 잔이었습니다. 그리스도께서는 비탄에 익숙한 슬픔의 아들이셨습니다. 하지만 그분은 고난을 영화롭게 하기 위해 고난당하신 것도, 모르티도 mortido 곧 죽음에 대한 충동을 미화하기 위해 죽으신 것도 아닙니다. 게다가 그분은 제자들이 목적도 없고 부끄러움도 없이 모든 핍박자의 공격을 받는 바보가 되도록 하기 위해 고난으로 초청하신 것도 아닙니다.

그리스도께서는 하나의 목적을 가지고 고난당하셨습니다. 바로 이어지는 구절에서 베드로가 말한 바, 우리 주님이 "친히 나무에 달려 그 몸으로 우리 죄를 담당하셨으니 이는 우리로 죄에 대하여 죽고 의에 대하여 살게 하려" 하기 위해, 그리고 "채찍에 맞으심으로 우리가 나음을 얻게 하기" 위해 고난당하신 것입니다(벧전 2:24).

그리스도의 고난은 구속적이었습니다. 그리스도의 고난 자체가 구원을 주는 것이 아니라 그리스도 자신이 구속주이시기 때문입니다. 그분이 받으신 고난은 다른 사람들을 위한 것이었습니다. 그리스도께서는 고난으로 자신을 깨끗하게 하실 필요가 없으셨습니다. 그럼에도 불구하고 그분은 죄인들을 깨끗하게 하기 위해 채찍에 맞으셨습니다. 죄인들을 대신하여 생명을 주시기 위해 죽으셨습니다.

예수님이 죽으신 목적은 완전히 성취되었습니다. 선지자 이사야는 여호와의 고난받는 종을 묘사할 때, 비통하고 감상적인 모습이 아니라 죄를 지고 승리하신 분으로 그려냅니다. "여호와께서 그에게 상함을 받게 하시기를 원하사 질고를 당하게 하셨은즉 그의 영혼을 속건제물로 드리기에 이르면 그가 씨를 보게 되며 그의 날은 길 것이요 또 그의 손으로 여호와께서 기뻐하시는 뜻을 성취하리로다"(사 53:10).

예수님은 그 앞에 있는 기쁨을 위하여 십자가를 참으시고 부끄러움을 개의치 않으셨습니다(히 12:2). 그분이 받으신 소명은 이 모든 것을 겪고 영광으로 들어가는 것이었습니다.

따라서 그분은 왕적 위엄을 가지고 고난당하셨습니다. 심지어 그분의 침묵조차도 위엄이 있었습니다. 헤롯, 빌라도, 로마의 군인들, 골고다에 모인 군중들 가운데 누구도 속이거나 위협하거나 채찍질하거나 조롱함으로 우리 구주의 온유하심을 바꾸어 비열하게 만들 수 없었습니다. 그들이 도리어 비열하게 되었습니다.

이것이 바로 베드로가 보았던 왕의 고난이며, 그리스도께서 자신의 길을 따르는 자들을 위해 남기신 본입니다. 베드로는 생생한 단어로 이를 묘사합니다. '본'이라는 말은 글자를 배우는 어린아이들이 글씨를 쓸 때 '점선'으로 따라 쓸 수 있도록 만든 모양을 가리킵니다. 베드로는 죄 없고 순전하시며 "고난을 당하시되 위협하지 아니하시고 오직 공의로 심판하시는 이에게 부탁하시는" 그분을 본 것을 잊을 수 없었습니다(벧전 2:22-23).

우리가 이러한 구주의 발자취를 따를 준비가 되기 전에 그리스도인의 소명에 관해 이야기하는 것은 무익한 일입니다. 만일 직업 상담사들이 시몬 베드로와 상담했다면, 아마도 그에게 고기 잡는 어부의 일을 그만두라고 했을 것입니다. 그의 리더십

이 고작 두 명 정도 타는 고기잡이배에서 낭비되고 있었으니 말입니다. 하지만 그들은 나사렛 예수를 따르는 일과 같은 극단적이고 종교적이며 분리주의적인 일을 추천하지도 않았을 것입니다. 그러한 일에 헌신하는 것은 심지어 십자가에 못 박혀 죽는 것과 같은 일을 끌어들일 수도 있었을 테니 말입니다. 게다가 베드로는 실제로 십자가에 못 박혀 죽었습니다!

열두 사도 때부터 오늘날 아우카 부족에게 헌신했던 선교사들(1956년 에콰도르의 아우카 부족에게 복음을 전하다 순교한 짐 엘리엇을 포함한 다섯 명의 선교사들—옮긴이)의 시대인 지금까지, 기독교 교회의 역사는 "낭비된" 인생들의 역사입니다. 그리스도인들은 인생의 자산들을 자랑할 수도 있고, 자신이 원하는 것들의 목록을 만들어 즐길 수도 있지만, 그 모든 것을 그리스도의 발밑으로 던져 버립니다. 그들은 성취를 추구하지 않고 낭비되기를 바랍니다. 그들은 자신의 생명을 중히 여기기보다 그리스도께 온전히 맡긴 것으로 여깁니다. 그들의 목표는 무덤 너머에 있습니다. 그들의 가장 높은 소명의 면류관은 부활하신 주님의 손안에 있는 것입니다.

십자가로의 부르심은 파괴나 포기, 절망의 부르심이 아닙니다. 그리스도께서는 자신의 공생애가 마무리되고 아버지의 때가 이르렀기 때문에 십자가로 가신 것입니다. 우리의 소명 역시 분명한 목적이 있고 성취해야 할 임무가 있는 것입니다.

그 임무는 하나님 나라의 일입니다. 그리스도의 길을 따르는 섬김은 그분의 나라를 향한 섬김이어야 합니다. 이것은 십자가로의 부르심인데, 이는 그리스도의 나라가 아직 영광 가운데 완전히 임하지 않았기 때문입니다. 예수께서 공생애를 시작하셨을 때, 그분은 그 전에 있던 세례 요한이 행했던 선포를 계속하셨습니다. "때가 찼고 하나님의 나라가 가까이 왔으니 회개하고 복음을 믿으라"(막 1:15).

구약성경의 약속은 메시아의 강림과 하나님의 의로운 통치를 하나로 엮습니다. 선지자들 역시 하늘과 땅의 창조자이며 역사의 주인이신 분으로 모든 것을 통치하시는 하나님의 주권을 말합니다. 그러나 그들은 또한 구속 역사의 절정 가운데 하나님의 (통치뿐 아니라) 구원하시는 능력이 나타날 것이라고 말해 줍니다. 이사야는 희년의 유비를 사용하여 이것을 그려 냅니다. 하나님 나라 백성의 거룩한 절기는 7이라는 숫자들의 패턴으로 이루어져 있습니다. 일곱째 날은 거룩합니다. 거룩한 속죄를 위한 일곱째 달과 일곱째 해에는 안식해야 합니다. 일곱째 해가 일곱 번 지나면, 율법은 오십 번째 해에 모든 것을 회복시키고 자유하게 합니다. 빚이 탕감되고, 감옥에 갇혀 있던 죄수들이 풀려나며, 모든 사람이 이스라엘 안에 있는 자신의 토지를 찾게 됩니다. 이사야는 마지막 구원을 말할 때 이 희년의 이미지를 사용합니다(사 61:1-3). 주님의 은혜의 해는 여호와께서 기름부으신 분을 통해 선포됩니다. 그분은 마음이 상한 자를 고치시고, 포로 된 자에게 자유를, 갇힌 자에게 놓임을 선포하십니다.

예수께서 나사렛의 회당에 오셨을 때, 그분은 이사야의 이 본문으로 깜짝 놀랄 만한 설교를 하셨습니다. 그분은 자신이 자라났던 고향 사람들 가운데서 "이 글이 오늘 너희 귀에 응하였느니라"(눅 4:21)고 선포하셨습니다!

때가 찼고 바로 그 주님이 오셨기 때문에 희년의 나팔이 울려 퍼졌습니다. 왕이 오셨기 때문에 하나님의 나라 역시 임하였습니다. 그리스도께서는 하나님 나라의 능력으로 귀신들을 쫓아내셨는데, 이는 강한 자인 사탄을 처음으로 결박하셨기 때문입니다(마 12:29). 그분의 제자들은 더 이상 요한의 제자들처럼 금식할 필요가 없었는데, 이는 신랑 되신 분이 그들과 함께 있었기 때문입니다. 그리스도의 임재 안에서 하나님 나라의 큰 잔치가 시작되었습니다(마 9:15). 모든 것이 준비되었으며 잔치가 펼쳐졌으니, 종들은 지체하거나 변명하지 말고 사람들을 잔치로 초청해야 합니다(눅 14:17).

하지만 세례 요한은 혼란스럽고 착잡했습니다. 그는 광야에서 자신이 신발끈을 풀기도 감당하지 못할 분 곧 주님이 오실 대로를 예비하였습니다. 이미 모든 나무 뿌리마다 하나님의 심판의 도끼가 놓였다고 선포했습니다. 오실 메시아가 오시면, 그분은 불로 세례를 베푸실 것입니다(마 3:10-12).

헤롯의 감옥에 갇혀 있던 요한은 거기서 그리스도께서 병자들을 기적적으로 치유하셨다는 소식을 들었습니다. 하지만 그는 의문이 들었습니다. "만일 이분이 진짜 그리스도라면 왜 심판의 도끼를 들지 않았을까? 하나님 나라의 심판 없이 어떻게 하나님 나라의 복이 임할 수 있는가? 여호와의 은혜의 해가 우리 하나님의 신원의 날 없이 시작될 수 있는가?"(사 61:2, 눅 4:19)

그래서 요한은 자신의 제자들을 예수께 보내어 묻게 합니다. "오실 그이가 당신이오니이까. 우리가 다른 이를 기다리오리이까"(마 11:3).

예수께서는 요한의 제자들을 곁에 두고 그분이 병자를 고치는 놀라운 일들을 보고 듣게 하셨습니다. 그리고 예언의 약속이 성취된 것을 요한이 확신할 수 있도록 이 모든 기적을 전해 주라고 하면서 그들을 돌려보내셨습니다.

놀라운 하나님의 은혜는 한 명의 설교자가 하나님 나라가 임할 것이라고 선포한 것보다 훨씬 컸습니다. 만일 요한이 예측한 것처럼 그리스도께서 심판의 도끼를 휘두르셨다면 아마 살아남은 자는 한 사람도 없었을 것입니다. 왜냐하면 모든 사람이 죄인이기 때문입니다. 하나님은 때가 찼을 때에 자기 아들을 보내셔서 심판의 도끼를 휘두르게 하신 것이 아니라, 도리어 심판의 매를 감당하도록 하셨습니다. 하나님 나라의 구원하는 능력의 은혜는 하나님 나라 심판의 도래보다 먼저 드러나야 했습니다.

이 문제를 왕의 사역이라는 관점에서 생각해 봅시다. 그리스도께서 첫 번째로 오셨을 때는 자기 목숨을 많은 사람들의 대속물로 주기 위해 오셨습니다. 그러나 두 번째 오실 때는 아버지께서 그분에게 주신 우주적 심판을 행하러 오실 것입니다. 그 사이에 그분의 구속하시는 자비의 복음이 땅끝까지 전해져야 합니다. 이 마지막 날까지 부활하신 주님은 하늘 보좌에서 성령 하나님을 보내 주십니다.

다시 말하자면 이 기간에 그리스도께서는 한편으로 오래 참으시며 기다리시고, 또한 그분의 나라를 위해 사람들을 부르십니다. 그리고 세상 모든 나라로부터 사람들을 모아 하나님의 잔치 자리로 초대하십니다. 그리스도께서는 하나님의 영광에 들어가셨으나 그분의 고난을 나눌 사람들을 부르고 계신 것입니다. 물론 우리가 다른 사람들의 죄를 대신하여 고난받을 수는 없으나, 주님의 몸된 교회를 세우기 위해서 다른 사람들을 위해 고난을 받아야 합니다.

바울은 이 문제에 관해 간명하게 말하고 있습니다. "내가 모든 사람에게서 자유로우나 스스로 모든 사람에게 종이 된 것은 더 많은 사람을 얻고자 함이라"(고전 9:19). 바울의 겸손함 가운데는 비굴함이나 비열함이 없고 오직 목표를 이루고자 하는 마음만 있습니다. 바울은 마치 마지막 때가 이미 임한 것처럼 살아갑니다. 히브리서 기자가 "우리가 여기에는 영구한 도성이 없으므로 장차 올 것을 찾나니"(히 13:14)라고 말한 바와 같이 말입니다. 천국은 그리스도인의 부르심이 바라보는 비전입니다. 그리스도인은 세상에서 나그네요 순례자입니다. 그들은 육체라는 장막에서 점점 벗어나 그리스도께로 가까이 가고 있는 중입니다.

그리스도의 나라는 제자들에게 절대적인 헌신을 요구합니다. 따라서 제자들은 "너희는 그들 중에서 나와서 따로 있고 부정한 것을 만지지 말라. 내가 너희를 영접하여 너희에게 아버지가 되고 너희는 내게 자녀가 되리라. 전능하신 주의 말씀이니라 하셨느니라"(고후 6:17-18)는 부르심을 들어야 합니다.

인간의 도성은 우상숭배를 강요합니다. 모든 사람은 인간 세상이 만든 상징이나 우상 앞에 절하지 않으면 안 됩니다. 사람들이 국가와 정당과 여러 계급 체계가 만든 우상을 지지할 때 종교적 신앙은 너그럽게 용인됩니다. 하지만 누군가가 "우리는 사람보다 하나님께 복종해야 합니다"라고 말한다면, 그는 늘 반역자로 정죄되거나 이방인처럼 따돌림받게 됩니다.

그리스도 나라의 부르심은 제자들을 세상과 구분 지을 뿐 아니라 또한 세상으로 보내는 것이기도 합니다. 하나님 나라에서 우리는 순례자인데, 이는 그리스도의 통치가 이루어지는 하늘의 산 시온을 향해 나아가고 있기 때문입니다. 다른 한편으로 우리는 하나님 나라 대사로서의 역할을 맡았습니다. 하나님께 반역하고 있는 영역에 평화의 복음을 선포하라고 보내심을 받았기 때문입니다. 그래서 그리스도께서 "오라!"고 하신 말씀은 우리를 세상과 구분 지어서 그분의 이름으로 부르신 것이고, 그리스도께서 "가라!"고 하신 말씀은 우리를 그분의 이름으로 세상에 보내신 것입니다.

이 두 명령은 교회사에서 늘 별개로 인식되고 오해되어 왔습니다. 성 안토니우스는 구원을 얻기 위해 세상을 떠나 황량한 사막으로 갔습니다. 시간이 흘러 은신하고 있는 곳에서 명성이 높아지자, 그를 중심으로 일종의 수도원 공동체가 설립됩니다. 그로부터 수백 년이 지나 그리스도인들이 세파를 피해 은거하는 방식은 다양해졌지만 은거하고자 하는 동기는 여전합니다. 그리고 그러한 동기의 치명적인 증상은 선교 사역을 하지 않게 되는 것입니다. 세상으로부터 유리하는 삶은 결국 교회가 선교 소명을 감당해야 한다는 것을 부인합니다.

물론 수도원들은 모두 세속에서 도피하려고만 하는 이상한 집단이라 생각하는 손쉬운 오해가 우리 안에 있는 게으름뱅이 립 밴 윙클(미국의 작가 워싱턴 어빙의 『스케치북』에 나오는 단편소설의 주인공으로, 낯선 이와 술을 마시고 잠에 들었다가 이십 년 후의 세상에서 깨어나게 된다—옮긴이)을 위로할 수 있을지는 몰라도, 이는 사실이 아닙니다. 수도원의 수도사들은 로마가톨릭 선교의 역사를 새로 썼습니다. 반면 복음주의 선교단체는 우물 안 개구리 신세를 면하기 위해 마지못해 선교지로 나갔을 뿐입니다. 나머지 대다수의 복음주의자들이 세운 도심 근교의 새로운 교회가 무슨 소용입니까? 그들은 무엇으로부터 도망쳤습니까? 대체 그들의 아름다운 예배당 건물은 무슨 목적을 위해 지어진 것입니까?

분명히 그리스도께서 "가라!"고 말씀하신 것은 교회들이 많이 모여 있는 지역과 정교하게 정성들인 프로그램에서 벗어나 떠나라는 말씀일 것입니다. 요새는 심지어 선교연구단체나 선교대회라 하더라도, 떠나서 사역하는 일 대신 앉아서 구차한 변명이나 늘어놓고 있을지도 모릅니다.

여기에 치료책이 있을까요? 가장 권장할 만한 방책은 극단적입니다. 교회로 하여금 세상에서 "설 자리를 잃게" 해보십시오. 그러면 교회는 지금의 형태를 버리고 새로운 모습 곧 세상의 모습을 찾으려 들 것입니다. 교회는 세상과 무관한 주제를 가지고 케케묵은 언어로 토론을 벌이는 대신, 세상이 제기하고 세상이 필요로 하는 주제를 가지고 세상의 언어로 대화를 시도할 것입니다. 세상 사람들의 일상 가운데서 모이는 작은 그룹들이 예배당에서 가지는 엄숙하지만 지루한 집회를 대체할 것입니다. "종교적이지 않은" 이러한 기독교는 세속적인 시대에 침투해 들어갈 것입니다.

이러한 치료책이 지나치게 속된 것일까요? 교회가 미치는 힘을 두고 단언하건대 절대 그렇지 않습니다. 하나님의 나라는 인간 세상 모든 곳으로 침투해 들어가는 누룩입니다(눅 13:21). 그러나 유감스럽게도 사람들은 이것을 교회가 세상에서 분명히 구별되어야 한다는 것과 혼동하고 있습니다. 교회는 누룩으로 부름받은 것처럼 세상의 빛으로 부름받았고, 이 부르심은 등경 위에 놓여 세상을 비추는 것입니다(마 5:15).

물론 모든 인간이 그리스도께서 주시는 구원을 받을 것이라는 가정하에 교회와 세상을 동일시하는 것은 교회의 선교적 소명을 무너뜨리는 일입니다. 빛의 나라와 어둠의 세력, 그리스도와 악마 벨리엘 사이에는 어느 하나 공통점이 없습니다. 구원은 흑암의 권세로부터 건짐을 받아 하나님이 사랑하시는 아들의 나라로 옮겨지는 것입니다(골 1:13). 그리스도인들은 "흠이 없고 순전하여 어그러지고 거스르는 세대 가운데서 하나님의 흠 없는 자녀로 세상에서 그들 가운데 빛들로 나타내며 생명의 말씀을 밝히기" 위해 부름받은 것입니다(빌 2:15-16).

교회의 부르심은 그저 세상을 향한 섬김이 아닙니다. 또한 하나님을 향한, 하나님과의 교제이기도 합니다. 왕 같은 제사장이자 거룩한 나라로서 우리가 받은 부르심은 "어두운 데서 불러내어 그의 기이한 빛에 들어가게 하신 이의 아름다운 덕을 선포하는" 것입니다(벧전 2:9).

그래서 하나님 나라의 부르심은 우리를 어두움에서 불러내어 빛 가운데 들어가게 할 뿐 아니라 어두운 세상에서 빛으로 살게 하는 부르심입니다. 먼저 하나님의 나라를 구하라는 말은 그리스도 안에서 하나님의 구원하시는 통치의 뜻을 먼저 구하라는 의미입니다. 그 나라를 구하는 것은 그저 어떤 행사 같은 것을 할 때 가지는 경건한 태도가 아닙니다. 이것은 선택적이고 제한적이며 집중된 행동입니다. 바울은 이것을 군복무에 비유합니다. 병사로 복무하는 자는 자기 생활에 얽매이지 않으며 (딤후 2:4) 늘 명령 아래 있습니다. 하나님 나라를 구하는 것은 세상의 것들 곧 먹을 것과 입을 것과 사는 곳을 추구하는 것과 늘 대비됩니다. 하늘 아버지께서는 우리의 모든 필요를 아시며 채우시는 분이십니다. 그러므로 우리의 안락과 안전을 위해 더 큰 창고를 지어 남는 곡식들을 쌓아 두는 것은 하나님 나라를 추구하는 것이 아닙니다. 이는 어리석은 것이고 맘몬을 섬기는 일입니다.

세상을 추구하는 것과 그리스도인의 삶 사이의 일반적 구분은 이방인들이 구하는 것과 하나님 나라의 자녀들이 구하는 것 사이의 구분과 유사합니다. 그리스도인의 소명은 세속적일 수 없습니다. 단순히 돈을 추구하는 차원에서의 일과 사역 사이에서 주저하는 사람은 목양을 향한 그의 소명을 의심하는 것일 뿐 아니라, 그리스도를 향한 그의 헌신 역시 회의하고 있는 것입니다.

또한 하나님 나라의 사역이 하나님 나라 목적의 성취를 지향한다고 할 때, 농업과 상업과 예술 역시 그 사역 안에 포함됩니다. 다시 말하지만 하나님 나라의 부르심은 확고합니다. 하나님 나라의 계획이 초림과 재림 사이의 기간을 필요로 하기 때문에, 천국을 향한 소망을 가지고 있다고 해서 땅을 정복하라는 하나님의 명령을 포기해서는 안 됩니다. 어떤 데살로니가 사람들이 그리스도의 재림을 기다리며 생업을 팽개쳐 버렸을 때, 바울은 그리스도의 이름으로 그들에게 "조용히 일하여 자기 양식을 먹으라"고 명령했습니다(살후 3:12). 오직 이렇게 함으로 그들은 선을 행하다가 낙심하지 않고 하나님 나라의 부르심을 성취할 수 있습니다(살후 3:13). 바울이 말하는 '선을 행하다'라는 말은 갈라디아서 6:9-10에 더 자세히 묘사되는데, 이는 특히 복음사역을 재정적으로 지원하는 것과 교회 안팎에 있는 가난한 사람들의 필요를 채우는 것을 가리킵니다. 또한 하나님 나라를 섬기는 일은 그리스도의 이름으로 문화를 발전시키는 것도 포함합니다. 물론 항상 하나님 나라의 관점에서 말입니다. 모든 부르심은 섬김입니다. 우리가 하는 일을 통해 그리고 우리가 버는 돈으로 그리스도의 이름 안에서 사람들을 섬긴다면(엡 4:28), 그것이 혹 믿지 않는 상전을 위해 하는 섬김이라 할지라도 그리스도께 하는 섬김입니다(골 3:22-24).

그리스도께서는 모든 것의 주인이십니다. 이것은 사람들의 필요를 채우는 모든 소명이 그리스도께서 주신 일일 수 있다는 것을 의미합니다. 그리스도께로 회심했다고 해서 직업이나 사회적 신분을 갑자기 바꾸어야 할 필요는 없습니다. 순종의 길은 그리스도인이 서 있는 바로 그 자리에서 시작됩니다. 그래서 바울은 고린도 교인들에게 부르심을 받은 그 부르심 그대로 지내며 그리스도를 영화롭게 하라고 권면합니다(고전 7:17-24). 어떤 처지에 있을 때에 부르심을 받든—종이든 자유인이든, 할례자든 무할례자든, 결혼했든 독신이든—그리스도의 주되심으로 말미암아 변화되고, 매일의 섬김 가운데 그분의 부르심을 따라 살게 됩니다.

다른 한편으로 그리스도의 주되심은 그분의 제자로 살 것을 명하며, 십자가의 길은 주님을 위해서라면 어떤 직업도 기꺼이 버릴 것을 요구합니다. 신약 시대의 역사적 배경에서 우리는 '동역자'로서 그리스도를 섬기는 그리스도인들을 자주 봅니다. 막달라 마리아와 요안나와 수산나는 그리스도와 그 제자들을 자신들이 가진 것으로 섬겼습니다(눅 8:2-3). 도르가는 가난한 사람들을 위해 바느질을 했고(행 9:39), 아굴라와 브리스길라는 바울과 다른 그리스도인 교사들을 환대했으며, 함께 천막 깁는 일을 하며 복음을 전했습니다. 셀 수 없이 많은 무명의 그리스도인들이 감옥에 갇혀 있는 이들에게 복음을 전했고, 병든 이들을 돌보았으며, 배고픈 이들을 먹이고 아이들을 가르쳤습니다. 마치 선한 사마리아인처럼 재난을 당한 자들을 섬기기 위해 자신의 일을 중단하는 것도 마다하지 않았습니다. 복음은 사도들의 설교 사역뿐 아니라 위와 같은 직업적 섬김을 통해서도 1세기 로마 제국의 반경을 넘어서까지 퍼졌던 것입니다.

오늘날 그리스도의 나라에서 필요로 하는 섬김은 무엇일까요?

하나님 나라의 관점은 변하지 않았습니다. 그리스도께서는 아버지 우편에 계신 주님이시며 현재와 미래에도 왕이십니다.

세상 또한 변하지 않았습니다. 하나님 나라를 향한 반역과 소요를 일삼으며 적개심을 드러내고 있습니다.

하지만 지금 기회가 생겼다는 점에서는 달라졌습니다. 기술이 발달했기 때문에 매일의 식량을 얻는 데 걸리는 시간이 반으로 줄어들었습니다. 과거보다 여가시간이 늘어났으며, 따라서 직업을 가지더라도 취미생활을 하는 것이 가능해졌습니다. 기술의 발달로 덜 일해도 되어 축척한 체력을 선을 행하는 데 쓸 수 있습니다. 더 잘 갖추어진 주방이 안락함을 가져다주므로 그리스도인들은 더 많은 사람들을 반갑게 맞이할 수 있습니다.

기동성은 현대 기술의 또 다른 기회입니다. 이동의 자유는 섬길 자유를 열어 줍니다. 당신은 어떤 장소, 어떤 직업에서든 가장 효과적으로 봉사할 수 있지 않습니까? 오늘날의 미국 사회는 직업 선택의 기회가 다양하다는 측면에서 매우 특별합니다. 그럼에도 당신이 택한 직업은 그리스도의 주권 아래 있습니다. 그렇다면 그 직업은 어떤 방법으로 그리스도를 영화롭게 할까요?

사무 자동화는 단조롭고 무미건조한 측면이 있습니다. 유용한 작업은 때로 기계적입니다. 그렇다고 그 일이 그저 세속적이기만 한 것은 아닙니다. 어떤 한 여성이 고무장갑을 만드는 공장에서 검사원으로 일하고 있었습니다. 그는 다른 사람들과 함께 작업대에 앉아 수술용 장갑들을 집어 들고 팔목부터 돌려 보며 바람을 불어넣어서, 흠집이나 새는 데가 있는지 검사하는 일을 했습니다. 그 일은 반드시 필요한 일이었습니다. 흠집이 있는 장갑은 수술할 때 감염의 위험을 동반하기 때문입니다. 그렇지만 단조로운 일이기도 했습니다. 그래서 그는 한 발짝 앞으로 더 나아가서 자신의 진짜 직업을 그 안에서 찾았습니다. 작업대에서 일하느라 지친 여성들과 더불어 끊임없이 이야기를 나누는 것이었습니다.

직업 가운데는 그리스도인이 절대 택해서는 안 되는 직업들이 있습니다. 왜냐하면 그 일이 하나님 나라를 대적하는 데 사용되기 때문입니다. 누군가가 어떤 직업을 택할 때 하나님 나라를 더 크게 섬길 가능성이 있어도, 그 직업이 결과적으로 하나님 나라를 거스른다면 선택하지 말아야 합니다. 다른 한편으로 그리스도인이 추구해야 할 직업들이 있습니다. 그 직업은 하나님 나라를 섬기는 데 특별하게 사용됩니다.

한 유능한 편집작가는 광고대행사에서 높은 보수를 받으며 일하고 있었고, 자신이 사는 곳에서 프리랜서 일자리도 가지고 있었습니다. 그런데 그가 어느 날 자신의 일을 그만두고 다른 도시로 가서 그의 교회 출판사를 위해 일하게 되었습니다. 이제 수입은 전보다 낮아졌지만, 그의 편집 작업으로 복음 메시지가 독자들에게 보다 탁월하게 전해질 수 있습니다. 그럼에도 그는 결코 희생하고 있다고 말하지 않습니다.

한 일러스트레이터는 큰 화랑의 미술감독을 맡고 있었습니다. 보수가 좋을 뿐만 아니라 자신의 재능 또한 잘 발휘하고 있었습니다. 하지만 그는 이에 만족하지 못했고, 결국 대학원에 가서 더 공부한 뒤 대학교에서 교편을 잡게 됩니다. 이제 그는 다른 사람들을 향한 관심을 보다 직접적으로 표현할 수 있게 되었습니다. 가르침을 통해 예술철학을 증명해 보이고, 신앙의 실재성에 대한 부분까지 다룰 수 있게 되었습니다. 하나님 나라의 관점에서 그의 선택은 그가 받은 부르심을 성취하는 방향에 놓여 있었던 것입니다.

우리 사회에서는 더 많은 직업 선택이 가능합니다. 그리고 더 많은 직업들이 하나님 나라를 위해 특별한 의미를 가진 것으로 드러납니다. 대중매체, 교육, 정부, 사회복지, 홍보 등 다양하게 확장되는 영역들은, 물건을 만들고 상품을 생산하는 것으로 주도되던 서구 산업을 서비스를 제공하고 사람들을 돕는 것 중심의 산업으로 변화하도록 합니다. 하나님 나라의 명령에 관심이 있는 그리스도인들은 이러한 기회들에 기민하게 반응해야 하며, 인간관계 가운데 변화를 가져오는 복음의 능력을 드러내야 합니다.

개개인의 그리스도인들이 이러한 방식으로 자신의 소명을 찾는 것만으로는 부족합니다. 그리스도인들은 복음의 의미가 동시대 사람들에게 어떤 의미가 있는지 특별히 드러내는 기독교 단체를 세울 공동의 책임이 있습니다. 세속화된 공립학교 시스템이 증가하고 있는 이 상황에서 개별 교사들의 용감한 노력만으로는 교육에서의 기독교적 가치를 온전히 드러내기란 불가능합니다. 즉 기술을 기술만능주의로, 인문학을 인본주의로 전락시키지 않도록 참된 교육을 제공하는 기독교 학교들이 있어야 한다는 것입니다.

다른 분야에서도 그리스도인 그룹은 분명한 증언을 해야 합니다. 기독교를 토대로 하는 출판사나 언론, 라디오나 텔레비전, 직업이나 노동조합 등은 모두 하나님 나라 소명의 공동 성취를 위한 기회들입니다.

분명히 여기에도 위험은 있습니다. 오직 그리스도 한분만이 주인이시기에, 그리고 아직 그분은 심판하러 오지 않으셨기 때문에 그분은 자신의 나라를 무력으로 가져오려고 그 종들의 손에 칼을 들려 주지 않으십니다. 따라서 그분의 나라를 가져오기 위해 어떤 힘을 가지고 싸우려 해서는 안 됩니다. 그분의 종들이 바라고 싸워야 하는 것은 이 세상의 나라가 아닙니다(요 18:36). 어떤 경제적 힘이나 정치적 압력도 "주님의 나라가 임하게 하소서!"라는 기도를 성취하는 도구가 될 수 없습니다.

그리스도인의 공동 행동이 가지는 또 다른 위험은 하나님 나라의 계획을 소홀히 여기는 것입니다. 즉 "가라!"고 말씀하셨던 그리스도의 명령을 무시하는 것입니다. 기독교를 중심으로

하는 마을이나 휴양지, 매년 열리는 컨퍼런스 등은 사회 문제에 대한 기독교적 해결을 과시하는 데 쓰일 수 있을지는 모르나 오래 지속되어서는 안 될 것입니다. 그것은 진취적인 것이 아니라 뒤로 물러서는 것이기 때문입니다. 그리스도께서는 제자들을 세상에서 데려가시도록 기도하신 것이 아니라 다만 악에서 그들을 지켜 주시도록 기도하셨습니다(요 17:15). 누룩이 효과를 내지 못한다면 빛 역시 꺼져 버리고 말 것입니다.

우리는 영광의 나라를 건설하도록 부름받은 것이 아닙니다. 오히려 은혜의 나라에서 십자가를 지도록 부름받았습니다. 선교의 대의명분을 잊어버렸다면 파멸 직전의 세상에서 그리스도의 뜻을 잊어버린 것이나 마찬가지입니다. 당신의 삶의 목적은 곧 그리스도의 죽음의 목적이어야 합니다.

당신의 손이 만드는 것과 당신이 가진 돈으로 사는 것, 그리고 마음이 갈망하는 바 곧 당신이 살면서 가지는 모든 것 안에서 그리스도께서는 당신을 부르시고 그분이 죽으심으로 속량하신 백성을 모으고 계십니다. 그리스도의 이름은 당신의 존재와 당신이 소유한 모든 것에 쓰여 있기에 그 모든 것은 그분의 목적을 위해 쓰여야 합니다. 당신이 쓰는 시간과 당신이 사용하는 것들을 살펴보며 당신의 제자됨을 한번 평가해 보시기 바랍니다.

하나님의 사람 게하시는 선지자 엘리사의 제자였습니다. 그는 살아가는 데 필요한 좋은 것 곧 돈과 옷과 재산과 종을 사랑했습니다. 엘리사 선지자가 병 고침을 받은 나아만 장군으로부터 예물 받기를 거절했을 때, 게하시는 그 상황을 받아들일 수 없었습니다. 그는 떠나가는 그 이방인 장군을 뒤따라가서 선지자의 제자들을 위해 예물들을 선물하여 감사의 뜻을 표하도록 했습니다(왕하 5:21-22).

결국 게하시는 나아만 장군으로부터 선물을 받았습니다. 하지만 문둥병까지 덤으로 받았습니다! 하나님이 그분의 백성에게 감람원이나 포도원이나 양이나 소같이 게하시가 갈망하던 복을 약속하지 않으셨습니까? 하나님은 그 대단한 이방인이 주지 않으면 그분의 백성에게 아무것도 주실 수 없으셨습니까? 선지자의 제자들은 고용되어 일하는 일꾼들과 마찬가지로 그러한 풍성한 선물들을 받을 수 없었습니까?

엘리사의 꾸지람을 들어 보십시오. "지금이 어찌 은을 받으며 옷을 받으며 감람원이나 포도원이나 양이나 소나 남종이나 여종을 받을 때이냐"(왕하 5:26).

게하시에게는 지금 곧 현재가 가장 중요했습니다. 하나님 나라의 긴급성은 그에게 아무것도 아니었습니다. 엘리사의 사역이 그렇게 시간을 다투는 일이었다면, 그리스도를 섬기는 일은 말할 필요도 없지 않겠습니까?

보좌로부터 부르심

십자가로의 부르심 곧 먼저 그 나라를 구하라는 요구에 직면하여 모든 그리스도인은 "누가 이 일을 감당하리요 sufficient" 하고 부르짖을 것임에 틀림없습니다(고후 2:16). 이에 우리는 바울의 가르침을 따라 또한 이렇게 부르짖어야 합니다. "우리의 만족 sufficiency 은 오직 하나님으로부터 나느니라"(고후 3:5).

십자가를 지도록 우리를 부르신 그리스도께서는 하늘에 오르셨습니다. 그리고 그분의 영광 가운데 성령의 귀한 선물을 보내 주고 계십니다. 우리의 섬김은 하나님 나라를 바라봄으로뿐 아니라 그분이 주시는 은사들의 풍성함으로 가능한 것입니다.

하나님의 능력이 섬김을 가능하게 한다

에베소서에서 바울은 그리스도의 부르심에 대해 영감 받은 지혜를 말해 줍니다. 4장에서 그는 고린도전서에서 이미 논했던 주제 곧 교회 안에서 이루어지는 성령의 역사의 통일성과 다양성에 대해 다시 한번 이야기합니다. 그리스도인은 그들이 받은 부르심에 합당하게 행하여, 성령의 하나 되게 하심을 힘써 지켜야 합니다(엡 4:1-4). 몸이 하나이고, 성령도 한분이시며, 부르심의 소망도 하나이기 때문입니다.

"우리 각 사람에게 그리스도의 선물의 분량대로 은혜를 주셨나니 그러므로 이르기를 그가 위로 올라가실 때에 사로잡혔던 자들을 사로잡으시고 사람들에게 선물을 주셨다 하였도다"(엡 4:7-8).

승천하신 주님께서는 하늘에서 한분 성령님을 통해 많은 사람들에게 여러 선물을 내려 주십니다. 이 다양한 은사들은 그리스도의 교회를 나뉘게 하기보다 하나로 연합하게 합니다. 사실 바울은 그것들을 '선물'이라고 부를 뿐만 아니라, 성령님이라는 한 선물로부터 오는 다양한 은혜의 '분량'이라고도 말합니다.

바울은 시편 68편의 아름다운 문장들을 통해 그리스도의 승천을 봅니다. 주님께서는 구속받은 그분의 백성의 선두에 서서 광야로부터 행진하십니다. 그리고 주님이 거하며 다스리는 거룩한 산으로 올라가십니다. 승리하신 왕으로서 주님은 승리의 열매를 취하시고 자기 백성에게 그 부요한 것들을 아낌없이 나누어 주십니다. 오순절 성령의 선물은 그 나라의 능력으로 교회를 풍성히 채웁니다.

성령의 임재는 교회로 하여금 능력 있는 섬김을 가능하게 합니다. 한 몸은 "각 지체의 **분량대로 역사하여**" 자라게 됩니다 (엡 4:16). 분량대로 주신 은혜(엡 4:7)는 분량대로 역사하는 것입니다. 즉 그리스도의 교회에서 개개인이 받은 부르심은 그리스도께서 각자에게 주신 선물 곧 그가 받은 성령의 '분량'에 의해 정해집니다.

'부르심'과 '받은 은혜'의 동등성은 특히 바울이 자기 자신의 사도직에 대해서 말하는 과정에서 드러납니다. 그는 "그러나……내게 주신 은혜로 말미암아 더욱 담대히 대략 너희에게 썼노니 이 은혜는 곧 나로 이방인을 위하여 그리스도 예수의 일꾼이 되어"(롬 15:15-16)라고 말합니다. 바울은 이러한 표현을 통해 여러 번 반복하여 자신의 직무와 권위에 대해 서술합니다 (롬 12:6, 고전 3:10; 15:10, 갈 2:9, 엡 3:2, 7).

바울은 교회를 박해했던 과거 행적상 자신이 사도가 되기에 합당하지 않음을 잘 알고 있었습니다. 그래서 그는 자신을 비판하는 자에게 "내가 나 된 것은 하나님의 은혜로 된 것이니 내게 주신 그의 은혜가 헛되지 아니하여 내가 모든 사도보다 더 많이 수고하였으나 내가 한 것이 아니요 오직 나와 함께하신 하나님의 은혜로라"(고전 15:10)고 말하였습니다.

예루살렘 교회에 있던 야고보, 베드로, 요한은 하나님이 바울에게 주신 은혜를 보고서 주님께서 그를 이방인의 사도로 삼으셨다는 것을 알게 되었습니다(갈 2:9). 바울이 사역할 때 은사들이 나타남으로 그가 그리스도로부터 부르심을 받았다는 것이 입증되었는데, 이는 "베드로에게 역사하사 그를 할례자의 사도로 삼으신"(갈 2:8) 성령께서 또한 바울을 이방인의 사도로 삼으셨기 때문입니다.

하나님께서는 내적 선물을 주심과 더불어 외적 호출을 통해 모든 그리스도인을 부르십니다. 하나님의 은혜로 사도로 부름받은 바울은 성도로 부름받은 고린도 교인들에게 편지할 때 "그리스도 예수 안에서 너희에게 주신 하나님의 은혜로 말미암아" 감사하고 있습니다(고전 1:4).

하나님의 거룩하신 은혜는 우리로 하여금 우리가 받은 부르심을 깨닫게 합니다. "너희를 부르시는 이는 미쁘시니 그가 또한 이루시리라"(살전 5:24). "너희를 불러 그의 아들 예수 그리스도 우리 주와 더불어 교제하게 하시는 하나님은 미쁘시도다"(고전 1:9).

당신이 그리스도인으로 부름받은 것은 한량없는 분량으로 당신에게 베풀어진 하나님의 은혜입니다. 따라서 그리스도인은 자신을 높여서는 안 되며 "마땅히 생각할 그 이상의 생각을 품지 말고 오직 하나님께서 각 사람에게 나누어 주신 믿음의 분량대로 지혜롭게 생각"해야 합니다(롬 12:3). 오순절 날 한 성령께서 불의 혀같이 갈라져 각각의 제자들 위에 머무셨던 것처럼, 주님께서는 믿음의 분량대로 각 사람을 돌보시며 은사를 나누어 주십니다. 그리스도인들은 자신들이 받은 부르심대로 이 은사들을 수행해야 합니다. 바울은 계속해서 "우리에게 주신 은혜대로" 받은 은사들이 각각 다르며 그 기능도 다르다고 말하고 있습니다(롬 12:6-8). 예언의 은사를 받은 사람은 믿음(또는 은혜)의 분량대로 그것을 사용해야 하며, 긍휼을 베푸는 사람은 즐거움으로 그 일을 행해야 합니다.

받은 은사의 분량은 사역의 분량을 결정합니다. 사도 바울은 자신의 사도적 권위를 주장할 때 그가 받은 분량을 넘어서까지 영광을 구하려 하지 않았습니다. 오히려 그는 "분수 이상의 자랑을 하지 않고 오직 하나님이 우리에게 나누어 주신 그 범위의 한계를" 따르려고 했습니다(고후 10:13).

당신의 행동반경 곧 그리스도를 섬기는 당신의 사역은 그리스도께서 당신에게 베푸신 은사들에 의해 정해집니다. 그리스도께서 은혜로 주신 선물들은 마치 교회 안의 스테인드글라스 같은 것입니다. 각 그리스도인은 보석 유리의 한 조각처럼 맡은 자리가 있어서 전체가 하나의 큰 스테인드글라스처럼 하나님의 은혜의 빛을 장엄하고 화려하게 비춥니다. 즉 하나님의 은혜의 빛이 우리 각자에게 비칠 때 그 빛은 우리를 투과하여 진홍색이나 에메랄드색 혹은 하늘색의 조화를 이루어 방 안을 비추는 것과 같습니다. "각각 은사를 받은 대로 하나님의 여러 가지(여러 색깔의) 은혜를 맡은 선한 청지기 같이 서로 봉사하라" (벧전 4:10).

바울은 이러한 개개인의 사역들이 갖는 위대한 다양성을 강조하기 위해 몸의 비유를 듭니다. 보는 것은 냄새 맡는 것과 다르고, 듣는 것은 걷는 것과 다릅니다. 각 지체들은 은혜를 받은 선한 청지기처럼 맡겨진 일에 최선을 다해 봉사해야 합니다. 쓸모없이 무익한 은혜의 선물은 없습니다. 즉 맡겨진 사역이 없는 그리스도인은 없습니다. 모든 그리스도인에게 그리스도를 섬길 능력과 기회가 주어진 것입니다.

은사들에는 분명히 그룹이 있습니다. 어떤 그리스도인은 목사나 교사로 부름받았고, 또 어떤 그리스도인은 다스리는 자나 통치하는 자나 구제를 행하는 자로 부름받았습니다. 바울은 교회 내의 여러 역할과 은사들에 대해 열거하고 있습니다 (롬 12:6-8, 고전 12:8-10; 28-30, 엡 4:11). 교회는 은사들이 적절히 사용되도록 공적으로 그것을 알아야 하고 기능들을 그룹으로 묶을 필요가 있는데, 그 기능들을 가리켜 우리는 '직분'이라고 부릅니다.

그러나 각 그룹 안에서도 그리스도께서 두신 각각의 종들은 개인적 특징을 가지고 있습니다. 삼손은 이스라엘의 사사였습니다. 다른 사사들처럼 그 역시 하나님의 백성을 원수들로부터 구원할 지도력의 은사를 받았습니다. 그러나 사사로서 그가 특별히 성령의 선물로 부여받은 것이 있었는데, 그것은 누구도 당해 낼 수 없는 육체적 힘이었습니다. 이 선물은 무질서하거나 쓸모없이 주어진 것이 아닙니다. 삼손은 분열과 공포, 소망 없음 가운데 흩어진 이스라엘 지파들이 블레셋 침략자들의 힘에 의해 무너지려는 바로 그때 부름받았습니다. 삼손이 받은 은사는 하나님께서 정예 부대(기드온과 삼백 용사)뿐 아니라 단 한 명만으로도 이스라엘을 구원하실 수 있다는 것을 드러냅니다.

이러한 가르침은 장래에 있을 일을 알려 주는 데 큰 가치가 있습니다. 이스라엘의 마지막 심판자인 동시에 구원자이신 분은 단 한분이시기 때문입니다. 자기 백성에 의해 결박당해 원수들에게 넘겨진 삼손은 '레히'라는 곳에서 승리하는데(삿 15장), 이는 그의 특별한 부르심이 무엇인지를 잘 보여줍니다. 골리앗을 이긴 다윗마저도 전능자요 승리자인 그리스도의 역할을 이렇게 생생하게 보여주지 못합니다. 슬프게도 삼손의 일생을 추적해 보면, 성령께서 주신 은사를 신실하게 지키기보다는 소멸하는 모습을 보게 됩니다. 그저 죽음에 임박해서야 그 백성을 치리하고 구원하는 능력을 다시 회복할 뿐입니다.

바울이 디모데에게 편지한 내용에서 볼 수 있듯이, 선한 청지기는 자기 안에 있는 하나님의 은사에 다시 불을 붙이는 사람입니다(딤후 1:6). 그래야만 직무를 완수할 수 있습니다(딤후 4:5). 직무를 완수하지 않는 것은 하나님과 섬김받을 사람들에게 빚을 지는 것입니다. 바울은 자신이 이방인을 위한 사도로 섬기도록 부름받았기 때문에 "헬라인이나 야만인이나 지혜 있는 자나 어리석은 자에게 다 내가 빚진 자라"(롬 1:14)고 말합니다. 그가 복음을 전하는 것은 은혜를 받은 청지기가 책임을 다하듯 자랑할 것이 없고 마땅히 해야 할 일을 부득불 할 뿐인 것이었습니다(고전 9:16-17).

당신이 받은 모든 은사는 성령님의 부르심입니다. 당신은 감히 자신이 받은 은사를 무시하거나 내팽개치거나 수건으로 꽁꽁 싸 두었다가 그리스도께서 오실 때 사용하지 않은 채로 내밀 수 없습니다(눅 19:20). 사실 당신은 받은 은사만으로 만족해서는 안 되고 더 주시도록 간구해야 합니다. 하나님의 베푸심과 부르심은 역동적으로 연결되어 있습니다. 하나님이 당신에게 은사를 주실 때, 그분은 또한 당신을 부르십니다. 하나님이 당신을 부르실 때, 그분은 또한 당신에게 은사를 주십니다. 디모데는 안수를 받을 때 예언을 통해 사역으로 부르심을 받았고 또한 은사를 받았습니다(딤전 4:14, 딤후 1:6).

하나님을 더 온전하게 섬기고자 하는 당신의 갈망은, 그러한 봉사를 하도록 이미 당신에게 베푸신 부요한 은사들을 먼저 맛보았기 때문일 수도 있습니다. 당신이 받은 은사를 과대평가하는 것은 흔히 있는 가능한 일이지만, 당신이 필요로 하는 은사를 달라고 지나칠 정도로 구하는 일은 불가능합니다. 즉 아무리 구해도 지나칠 수 없다는 것입니다. 당신의 하늘 아버지께서는 빵 대신 돌을, 생선 대신 뱀을 주시는 분이 아닙니다. 그분은 구하는 자에게 성령을 주시는 분입니다(눅 11:13). 우리의 영적 빈곤은 회복될 수 있습니다. 그럼에도 우리가 영적으로 허덕이고 있는 것은 구하지 않았기 때문입니다(약 4:2).

동시에 우리는 하나님의 나라를 구해야지 우리 자신의 영광을 구해서는 안 됩니다. 우리가 지속적으로 갈망해야 하는 것은 자신의 이름이 드러나는 은사가 아니라 그리스도인으로서 우리를 구별되게 하는 은사입니다. 고린도 교인들은 겉으로 보기에 대단해 보이는 은사들, 특히 방언의 은사를 선호했습니다. 그래서 바울은 그들에게 영적인 관점에서 성령의 은사의 가치를 판단하도록 가르쳤습니다. 바울이 원한 은사는 바로 그리스도의 교회의 덕을 세우는 은사였습니다. 교회에서 남을 가르치기 위하여 깨달은 마음으로 다섯 마디 말을 하는 것이 일만 마디 방언으로 말하는 것보다 낫습니다(고전 14:19). 가르치는 은사는 내세울 만한 것은 아니지만 교회의 덕을 세우는 은사이며, 따라서 신실하게 갈망해야 하는 은사입니다(고전 12:31, 14:1). 또한 더욱 중요한 것으로는 믿음, 소망, 사랑처럼 다른 사람들을 안식하게 하는 은사가 있습니다. 이것들은 그리스도인들 사이에 차이를 만드는 은사가 아니고, 도리어 그리스도인 모두가 성장하기 위해 구해야 하는 선물입니다. 이 중에 제일은 사랑인데, 사랑 없이는 다른 모든 은사가 무익합니다(고전 13장). 모든 은사는 각각 구별되고 다양한 성격을 가지고 있기 때문에 누구도 자랑할 수 없습니다. "누가 너를 남달리 구별하였느냐. 네게 있는 것 중에 받지 아니한 것이 무엇이냐. 네가 받았은즉 어찌하여 받지 아니한 것같이 자랑하느냐"(고전 4:7).

많이 받은 자에게는 많이 요구하실 것입니다(눅 12:48). 혈과 육이 아니라 하늘에 계신 아버지의 계시를 통해 받았다는 사실을 알았기 때문에(마 16:17) 베드로는 하나님 나라의 청지기로서 충실하게 책임을 감당할 수 있었습니다.

성도의 교제가 섬김을 가능하게 한다

운동 종목 가운데는 혼자서 연습하여 기술을 갈고닦아 실력을 향상시킬 수 있는 종목이 있습니다. 이와 마찬가지로 하나님의 임재 안에서 혼자만의 훈련으로 받아 누리는 성령의 은사들도 있습니다. 하지만 하나님께서는 벤치에 가만히 앉아 득점할 때까지 기다리고만 있으라고 그렇게 많은 공차기 전문가를 부르시는 것이 아닙니다. 그분이 부르시는 선수들은 함께 힘을 합쳐 경기에 임해야 합니다. 당신이 하나님을 섬기는 일은 당신이 가진 은사뿐 아니라 그러한 은사들을 사용하고 있는 사람들과의 교제를 통해 이루어집니다.

보통 친목 만찬에서 사람들이 모여 교제를 한다고 할 때, 여기서 '교제'는 연회장에 놓인 장식품과 같이 그저 진부해 빠진

말일 뿐입니다. 그러나 성경이 말하는 '교제'는 동지애 혹은 전우애라는 말보다 더 끈끈한 의미를 가집니다. 일반적으로 이 단어는 무엇을 서로 **나눈다**는 적극적인 의미를 가지고 있습니다. 더 나아가 이 말이 갖는 가장 중요한 의미는 우리가 하나님과 교제를 갖는다는 것입니다. 성령의 은사는 성령님이 임재하심으로 우리 것이 되는데, 따라서 은사를 나누어 갖는다는 말은 곧 인격적 교제의 기쁨 속에 은사 주시는 분을 함께 나누는 것입니다. 그래서 모든 은사는 경배의 도구가 될 뿐 아니라 감사의 이유가 됩니다. 하나님이 주시는 기쁨을 가지고 그리스도인이 섬김의 자리에 나아갈 때 하나님은 그 무엇보다 기뻐하십니다. 그런데 이 기쁨을 사람들과 나누지 않는다면 하나님께도 그 기쁨을 온전히 돌려드릴 수 없습니다. 하나님은 기쁨으로 **주는 이**를 사랑하십니다. "너희가 여기 내 형제 중에 지극히 작은 자 하나에게 한 것이 곧 내게 한 것이니라"(마 25:40).

우리에게 주신 은사를 가지고 그리스도의 교회 안에서 한 마음 한뜻으로 사역할 때, 성령님이 주시는 생명의 심박이 우리 가운데 계속해서 고동치게 됩니다. 몸은 각 지체가 서로 긴밀하게 의존함으로 성장합니다. 한 머리 되신 그리스도께로부터 온 몸이 "각 마디를 통하여 도움을 받음으로 연결되고 결합되어

각 지체의 분량대로 역사하여" 사랑 안에서 스스로를 세웁니다
(엡 4:16).

이는 서로가 서로를 돌보지 않고는 자랄 수 없다는 것을 의
미합니다. 당신이 그리스도인으로서 성장할 수 있도록 자극했
던 사람들을 떠올려 보십시오. 5분도 안 되어서 당신을 그리스
도께로 인도하여 그리스도인으로서 성장하도록 영향을 준 수
많은 이름들을 나열할 수 있을 것입니다.

만일 당신이 지금까지 성장해 왔다면 그동안 계속해서 섬
겨 왔던 것입니다. 당신을 섬긴 사람들을 다 알 수 없는 것처럼
당신이 스스로 어떻게 섬겼는지 다 알지 못합니다. 그러나 그중
몇몇의 이름 정도는 댈 수 있지 않습니까?

그리스도인들이 서로가 서로를 돌보는 가운데 함께 성장한
다는 사실을 인지하지 못한다면 그리스도의 몸에 고통스러운
증상을 초래하게 됩니다. 바울은 한 몸의 지체들 간의 시기와
교만이 얼마나 부조화로운 것인지 그려 줍니다. 발이 손이 아니
라고 해서 몸에서 떨어져 나올 수 없으며, 머리가 발더러 "내가
너를 쓸 데가 없다"고 말할 수 없습니다(고전 12:15, 21).

그리스도인들이 자기 자신의 기준으로 그리스도의 모든 은
혜의 유익함을 판단하여 교회를 보는 눈의 분과 혹은 듣는 귀의

분파로 구분하는 일에 얼마나 능한지요! 불행 중 다행인 것은 분파를 가른다고 할지라도 그들이 속한 몸은 그런 반목으로 분리되지 못한다는 점입니다. 도리어 하나님께서는 몸이 더 조화롭게 기능하도록 "몸을 고르게"(고전 12:24) 하셨을 뿐 아니라, 지체들은 몸에서 덜 필수적인 부분에게 관심과 명예를 줌으로 이 조화를 돕습니다. 예를 들어, 머리카락은 어쩌면 몸의 여러 부분 중 그 기능에서 가장 덜 중요한 자리에 위치할지도 모릅니다만 언제나 가장 큰 영예를 얻습니다. 쇠퇴한 신장과 아름다운 손톱도 한 몸의 일부입니다. 몸 안의 숨겨진 기관들 또한 찬란한 아름다움은 없지만 그 의미를 부여받습니다.

이런 영적 생리학을 그리스도인 간의 교제에 적용해 보십시오. 그러면 가장 보잘것없는 것처럼 보이는 사람이 선거 캠프의 리더가 되어도 기뻐할 수 있을 것입니다. 어쩌면 그의 능력이 매우 별 볼일 없는 것이 사실일 것입니다. 그리고 바로 그 이유로 인하여 그는 더 큰 영광을 필요로 하는 사람입니다.

동일한 관점에서 유추해 볼 때, 당신은 이제까지 사귀어 왔던 사람들 말고도 꽤나 특별한 그리스도인 친구들이 필요할지도 모르겠습니다. 지금 당신의 그룹에 속한 이들은 누구입니까? 나이나 관심사가 비슷한가요? 나이가 많은 사람과 허물없이 교제를 나누고 있는지요? 어린 나이의 친구가 없지는 않은가요? 당신이 정말 필요로 하는 사람은 그리스도인으로서 전혀 다른 영적 은사를 가졌거나 나이나 사회적 배경이나 민족, 심지어 교단이 다른 이들일지도 모른다는 것은 다소 충격적이지만 사실입니다.

당신은 그리스도의 교회 안에서 서로 돌보는 것을 떠나서 당신의 은사를 성숙하게 할 수 없습니다. 따라서 어떤 그리스도인도 자신이 부름받은 생동하는 유기체를 떠나서 자신의 부르심을 결정할 수 없습니다. 그리스도께 참여한 그리스도인이라면 교회 공동체 안에서의 교제 없이 존재할 수 없다는 사실은 의심할 여지가 없습니다. 이는 수술로 절제해 버린 기관이 동맥과 신경망과 연결되지 않으면서도 생명을 유지하려 하는 것과 마찬가지입니다. 그러나 실험실 선반에 놓인 살아 있는 뇌는 하나의 흉물일 뿐입니다. 물론 수술을 요하는 긴급 상황이 있을 수도 있습니다. 즉 강제로 떼어내어 분리해야 할 그리스도인도 있을 것입니다. 그리스도께서도 직접 몸에 해를 입히는 구성원을 잘라 내야 할 필요성에 대해서 경고하신 바 있습니다 (마 18:7-9, 17). 그러나 그리스도인은 공동체적 생명을 위해 자신의 주님을 받은 것입니다. 그리스도인의 자유와 성장은 교제

안에서 찾을 수 있습니다.

어떤 영적 은사 테스트도 당신이 그리스도를 섬기기 위한 은사와 능력을 측량할 수 없습니다. 이런 테스트는 당신이 자신에 대해 과대평가하는 것을 방지해 줄지는 모릅니다. 알지 못했던 기술이나 능력을 보여줄지도 모르겠습니다. 그렇지만 그리스도께서 하시는 테스트는 이런 은사 테스트가 아닙니다. 이 테스트는 오직 일하는 중에 진행됩니다. 이것을 가리켜 '교제 가운데 섬김' 테스트라고 불러야 할지도 모르겠습니다. 다른 그리스도인들과 함께 일할 때 숨겨진 은사는 빛으로 나아오고 그와 더불어 새로운 은사도 받을 수 있을 것입니다.

기회가 섬김을 가능하게 한다

윌리엄 캐리('현대 선교의 아버지'로 불리는 영국의 인도 선교사—옮긴이)는 자신만의 성령의 은사가 있었습니다. 그는 이 은사를 몰튼의 작은 교회 목사로 섬기는 데, 그리고 기도의 교제 가운데 사용하였습니다. 또 다른 요소가 없었다면 아마도 우리는 선한 그리스도인이자 가난한 구두수선공으로서 독학해야 했던 이 작은 마을 설교자의 이름조차 들어 볼 일이 없었을 것입니다.

그 다른 요소란 바로 비전인데, 캐리는 폭넓은 기회를 분별하는 시야를 가지고 있었습니다. 당신은 그가 하나님의 창조 세계를 사랑하는 박물학자로서 스스로 자연을 관찰하며 연구했던 사실을 기억하실 것입니다. 이런 사람에게 쿡 선장의 항해 요청은 그냥 지나칠 수 없는 기회였습니다. 구두 만드는 일을 내팽개치면서까지 그는 쿡 선장의 탐험 기록을 닥치는 대로 읽었습니다. 당시 많은 다른 영국인들 또한 그러한 열정으로 불타올랐습니다. 신세계를 교역의 대상 혹은 탐험지나 탈출구로 바라보았던 것입니다. 캐리는 그들이 놓친 것을 보았는데, 그것은 하나님 나라의 관점으로 세상을 바라보았기 때문입니다. 그가 본 것은 사람이었습니다. 즉 복음을 전혀 알지 못하는 셀 수 없이 많은 종족과 언어의 사람들이 세계 전역에 흩어져 살고 있는 것을 보았던 것입니다.

이런 기회를 들여다보는 비전은 캐리의 삶을 형성해 갔고, 마침내 그를 통해 전 세계적 교회 선교의 시대를 맞이하게 되었습니다.

어쩌면 '비전'이라는 말은 캐리의 시선을 설명하기에 오해를 불러올 수 있는 표현일 수도 있습니다. 대단하거나 광범위하거나 포괄적인 표현이어서라기보다 너무 쉽게 들리기 때문입니다. 캐리는 그 비전을 위해 분투했습니다. 먼저는 그의 마음과 싸웠고, 그다음으로는 동료 기독교인들 가운데서 싸워야 했습니다. 그들은 선교를 그저 하나의 사역으로 여길 뿐 하나님의 부르심이라고 생각하지는 않는 잘못된 신학을 가지고 있었습니다.

가능한 모든 장애물이 캐리의 순종을 막아서는 것 같았습니다. 친구들의 반대, 아내의 완고한 태도, 아내의 오랜 투병에 이은 죽음, 동인도회사의 강력하고 계획적인 반대, 이 엄청난 희생을 치르고 찾아간 선교지 사람들의 무관심 등 장애물이 끊임없이 이어졌습니다.

캐리에게 주어진 기회는 레히에서 블레셋 사람들에게 붙잡혔던 삼손에게 주어진 기회와 꽤나 닮아 있었습니다. 캐리도 삼손과 동일한 힘의 원천을 가졌고 회복하게 하는 샘물을 마셨습니다. 기회가 그에게 주어졌고 캐리는 그것을 붙들었던 것입니다.

하나님께서 주시는 기회를 붙드는 것은 당신의 부르심을 완수하는 데 매우 중요합니다. 바울은 우리에게 때가 악하니 세월을 아끼라고 권면합니다(엡 5:16).

하나님은 시간의 주인이시며 그리스도는 시대의 왕이십니다. 하나님은 우리 인생을 무의미한 시간의 연속으로 정하지 않으셨습니다. 시계만 쳐다보고 있는 것은 여러 가지 의미에서 잘못된 청지기의 모습입니다. 단조롭게 째깍거리는 시계나 변함

없이 회전하는 전자모터의 이미지는 우리 삶의 시간에 대한 매우 잘못된 이해를 초래합니다. 우리 몸의 리듬이 오히려 시간의 목적에 훨씬 더 부합하게 움직입니다. 우리의 시간은 일어나고 잠자리에 드는 것, 활동하거나 쉬는 가운데 내쉬는 숨소리, 살아 있는 심장의 규칙적 박동소리나 급격한 쿵쾅거림에 의해 규정됩니다.

하나님은 우리의 시간이 계절을 따르도록 정하셨습니다. 하나님은 계절에 따라 비를 주시기도 하고, 구름 가운데 그분의 주권적 약속을 의미하는 활(무지개)을 걸어 두시기도 합니다. 계절은 하나님의 구속 목적을 따라 그분의 권능 가운데 결정되는 것이지, 단지 태양의 둘레를 도는 지구의 공전 주기로만 결정되는 것이 아닙니다.

우리는 하나님께서 거룩한 절기에 관한 율법을 주실 때 오십 번째 해 전체를 희년으로 선포하는 것을 절정으로 하는 안식 절기를 주셨음을 앞에서 살펴보았습니다.

앞서 설명한 제사와 절기들과 같이 이 희년 제도는 장차 올 더 나은 때, 하나님의 구원 사역이 성취되는 때를 바라보도록 되어 있습니다. 이사야 선지자가 희년으로 하나님의 구속의 때를 묘사했던 것은 이런 숨겨진 상징적 의미를 드러낸 것입니다

(사 61:1-2).

우리는 구속의 때에 시간을 구속하도록 부름받았습니다. "내가 은혜 베풀 때에 너에게 듣고 구원의 날에 너를 도왔다 하셨으니 보라, 지금은 은혜 받을 만한 때요 보라, 지금은 구원의 날이로다"(고후 6:2).

때가 되어 하나님이 그분의 아들을 보내셨기에 우리는 복음의 이 위대한 "현재"에 하나님의 절기로 사람들을 불러 모아야 합니다. 지금이야말로 주님을 찾을 때입니다. 지금이야말로 그분의 오래 참음이 끝나고 성령과 신부가 함께 "오라!"고 외치는 때입니다. 순례자인 교회는 주님의 산에서 맞이할 최후의 절기를 향해 순례해 갑니다. 첫 열매를 기리는 절기가 오순절에 있었다면, 이제 남은 것은 마지막 때의 최종적인 추수 절기입니다.

하나님의 구속의 시간을 구속하기 위해서는 열심과 지혜가 필요합니다. 소망과 사랑의 비전으로만 때가 임박한 것을 알 수 있습니다. 공산주의 중국으로부터 한 학생의 이야기가 들려옵니다. 수많은 사람들이 모인 캠퍼스 한복판에서 어떤 학생이 갑자기 말씀이 적힌 대자보를 펼치며 대학의 젊은이들을 향해 복음을 선포하기 시작했습니다. 그 학생은 금세 체포되었고 그의 메시지는 이내 잠잠해졌습니다. 그럼에도 그는 전하지 않고는

견딜 수 없었던 것이었습니다. **오늘**이 바로 구원의 날입니다. 사도들은 선포합니다. "밤이 깊고 낮이 가까웠으니 그러므로 우리가 어둠의 일을 벗고 빛의 갑옷을 입자"(롬 13:12). 이것이 바로 "때를 아는" 자들과 윌리엄 캐리와 같이 하나님의 위대한 일을 기대하며 하나님을 위해 위대한 일을 시도하는 자들이 인식하는 바입니다.

열심은 분별의 능력을 날카롭게 합니다. 잠만 자는 청지기에게 기회란 결코 찾아오지 않습니다. 예수님은 당장 일할 수 있도록 옷을 입고 채비를 갖춘 하인을 묘사하십니다. 그는 주인이 한밤중에 오든 새벽 직전에 오든 문을 두드릴 때 문을 열 채비를 갖춘 자입니다(눅 12:35 이하).

지혜 또한 기회를 사는 데 필수적입니다. 뒤에서 우리는 주님의 뜻을 이해하는 문제에 대해 살펴볼 것입니다. 주님의 뜻을 이해하는 데 한 가지 중요한 점은 때를 분별하는 것입니다. 성경은 추상적이고 이론적인 능력을 이상적인 지혜로 높이지 않습니다. 오히려 구체적이고 실질적 연관성을 가진 삶의 지혜를 높게 평가합니다. 날씨를 어느 정도 정확하게 예측할 정도로 자신의 육신의 상태를 잘 아는 자가 영적 기상을 분간하지 못한다면 그는 어리석은 것입니다(눅 12:56).

당신이 생각하는 기회는 무엇입니까? 첫 번째 문은 당신이 현재 있는 방에 있습니다. 주님께서 당신에게 현재라는 특정한 상황을 주셨습니다. 바울은 이것을 가리켜 하나님이 각 사람을 "부르신"(고전 7:17) 것이라고 말합니다. 약속의 땅에서 이스라엘이 유업으로 받았던 땅처럼, 그것은 주님께서 오늘 당신에게 주시는 "몫"이며 "분깃"입니다. 여기서 당신은 시작해야 합니다. 참으로 다른 기회의 문들을 발견하고 그것들이 열리기를 바라야 합니다. 미래의 기회를 날려 버리는 가장 확실한 방법은 현재의 기회를 무시하는 것입니다. 어쩌면 이 교훈은 미래에 섬기기 위해 준비하고 있는 사람들이 가장 배우기 어려워하는 교훈일지도 모르겠습니다. 우리는 문화 속에서 교육을 통해 그러한 교훈의 중요성을 터득하지만, 젊은이들은 많은 경우 수년을 들여 교육을 받은 뒤에야 비로소 자신이 교육받고 있는 목적을 분명하게 알게 되기 때문입니다.

의미 없이 수업을 듣는 것이 삶의 방식이 되었습니다. 이는 막연하게만 이해되는 미래보다는 현실적일지 모르지만, 그럼에도 이것이 진정성 있는 삶은 아닙니다. 삶의 방향에 영향을 줄 중대한 결정들을 이런 환경 속에서 내려야 한다면 실로 우울한 일이 아닐 수 없습니다. 하나님의 신실하신 약속을 기억하는 것이 힘이 되지만 우리의 행위 또한 필요한 것입니다. 학생의 부르심 안에는 내일을 위해 우리를 준비시키시려고 예비해 두신 오늘의 기회들이 있습니다. 외로운 학생에게 친구가 되어 주고, 방황하는 룸메이트에게 힘이 되어 주고, 대학 신문에 투고를 하고, 주일학교 교사로 아이들을 가르치는 등의 활동 가운데 당신의 미래를 향한 열쇠가 놓여 있을지도 모릅니다. 교실 안에서든 교실 밖에서든 당신이 섬길 때, 당신의 은사가 입증되고 드러나게 될 것입니다.

그러므로 **당신**은 반드시 냉철한 지혜와 열렬한 사랑으로 그 기회를 붙들어야 합니다.

II

사역으로의 부르심이란 무엇인가

3.

특별한 부르심

지금까지 우리가 그리스도인의 부르심에 대해 살펴보았다면, 이제 사역으로의 부르심이 무엇인지 살펴보겠습니다. 그런데 **사역**이란 대체 무엇일까요?

권위적 차이

이 질문에 답하기 위해 우리는 예수 그리스도로부터 시작해야 합니다. 사역자는 종이며, 그리스도만이 유일한 주님이십니다. 그분은 모든 원수를 그 발 아래 둘 때까지 다스리십니다(고전 15:25, 골 3:1). 그 누구도 그리스도의 양무리의 주인이 되도록 부름받지 않습니다(벧전 5:3). 즉 하나님 우편에 있는 것 외에 그 어떤 보좌도 교회에 마련될 수 없습니다. 다른 한편으로, 그리스도의 이름으로 부름받은 모든 그리스도인은 영광 가운데 그리스도께 연합되어 있습니다. 그리스도인은 그리스도와 함께 하늘 보좌에 앉아 있으며, 그분 안에서 하나님의 아들 곧 왕이라 일컬음을 받습니다(엡 2:6, 요일 3:1).

그렇기에 사역자가 교회 위에 군림하여 영적으로 다스리는 것은 더더욱 불가능합니다. 왕이신 그리스도께서 그분의 백성과 함께 계시며, 그 백성 또한 그리스도와 함께 왕으로 있기 때문입니다. 그 어떤 직분이 그리스도의 보좌에 함께 앉아 천사들을 심판할 "일반" 그리스도인보다 더 높을 수 있겠습니까?(고전 6:3) 그리스도의 온전한 통치는 모든 위계를 소멸시켜 버립니다. 유일한 중보자에게 다른 중보자는 필요 없습니다(딤전 2:5).

그렇기에 사역자는 우두머리도 아니며 주인도 아닙니다(마 23:8-12). 그는 종입니다. 하지만 그리스도 또한 종이셨습니다. 주님은 종이 되셨습니다. 예수께서는 섬김을 받으러 오신 것이 아니라 섬기러 오셨으며, 많은 사람들을 위하여 자기 목숨을 대속물로 주셨습니다(마 20:28). 예수님의 고난이 그분에게 대적했던 이들이 받아야 했던 모든 심판을 온전히 받아 냈듯이, 그분의 섬김은 하나님께서 부르신 모든 이를 향한 모든 사역의 요구를 성취하였습니다. 교회에는 우리가 고백하는 신앙의 오직 한 사역자, 한 사도, 한 대제사장만 있습니다(히 3:1).

그리스도께서는 그분의 사역에 참여하도록 모든 그리스도인을 부르십니다. 사도들이 하나님 나라에서의 높고 낮음을 놓고 논쟁할 때, 예수님은 고난의 잔을 제시하셨습니다(마 20:22). 그리고 대야와 수건을 주시며 그들에게 사역의 모범을 알려 주셨습니다(요 13:4-14). 그렇다면 그리스도인 한 사람 한 사람은 십자가의 사역과 왕좌에서의 통치 모두를 예수님과 함께하도록 부름받은 것입니다.

그리스도께서 모든 사역을 성취하셨기 때문에 그분이야말로 최후의 선지자이고 제사장이며 하나님 백성의 왕이십니다. 변화산 위 영광의 구름으로부터 들려왔던 하나님의 소리는 하나의 위대한 명령이었습니다. "이는 나의 아들 곧 택함을 받은 자니 너희는 그의 말을 들으라"(눅 9:35).

구약성경에서 가장 위대한 선지자들이었던 모세와 엘리야가 그 산 위에 예수님과 함께 있었지만 그들의 전형적인 중보자적 역할이 더 이상 필요 없게 된 것입니다. "옛적에 선지자들을 통하여 여러 부분과 여러 모양으로 우리 조상들에게 말씀하신 하나님이 이 모든 날 마지막에는 아들을 통하여 우리에게 말씀하셨으니……"(히 1:1-2).

그리스도야말로 가장 위대한 대제사장이면서 최후의 선지자이십니다. 그분 자신이 죽임당한 동물들이 그림자로 희미하게나마 가리켰던 참된 희생이 되시기 때문입니다. 예수님은 하나님의 거룩한 산으로 올라가서 영원한 시은좌(속죄소)에 피를 뿌림으로 그분의 백성을 위해 소멸되지 않는 중보를 행하셨습니다(히 7:25, 9:24). 왕 같은 제사장은 자신을 던져 우리 죄를 정결하게 하고 높은 곳에 계신 지극히 크신 이의 우편에 앉으신 바로 그분이신 것입니다(히 1:3).

그리스도께서는 완전한 사역의 풍성함으로 그분의 백성에게 모든 은혜를 베푸십니다. '만인 제사장직'이라는 가르침은 단순히 민주주의를 종교적으로 적용한 것에 불과한 것이 아닙니다. 모든 그리스도인이 하늘의 거룩한 처소에 들어갈 수 있게 되었는데, 이는 그리스도께서 제사장 옷을 입고 가슴에 금띠를 띠고 그곳 촛대 사이에 계시기 때문입니다(계 1:13). 신자에게 자신의 이름으로 선지자나 제사장이나 왕이라고 주장할 권리는 없지만, 그리스도의 부르심 안에서는 모든 구약의 선지자와 제사장과 왕을 초월하는 권세를 갖게 됩니다. 세례 요한보다 더 큰 선지자는 없습니다. 하지만 하늘나라의 가장 작은 이라도 그보다 클 것입니다. 그보다 크다는 것은 순종이나 섬김에서 그렇다는 것이 아니라 자리와 부르심에서 그렇다는 것입니다(마 11:9-11). 그리스도께서 오순절에 하나님의 성령을 부어 주신 뒤 모든 하나님의 백성은 선지자와 같이 되었습니다. 그리하여 혈육이 아닌 하늘에 계신 아버지께서 알게 하신 시몬 베드로의 신앙고백(마 16:18)을 함께 고백하게 되었습니다. 그 동일한 성령으로 거룩하게 되었고, 자기 자신을 산 제사로 드리게 되었으며, 하나님을 찬양하게 되었고, 제사장 나라로서 사람들의 중보자가 되었습니다(벧전 2:9). 부활하신 그리스도의 능력으로 그들은 어둠의 권세 위에 군림하게 되었으며, 그리스도께서 다시 오실 때 그분과 함께 다스리게 될 것입니다(고전 4:8; 6:2, 롬 16:20).

신약 교회의 모든 직분의 중심에는 그리스도가 있습니다. 그분만이 유일한 중보자이자 주님이시며 종이십니다. 주인은 오직 한분이시기에 모든 그리스도인은 형제입니다(마 23:8). 누구도 비교 우위를 점할 수 없습니다. 하나님 나라에서 진보는 높이 오름으로 이루어지는 것이 아니라 무릎을 꿇음으로 이루어집니다. 주님께서 모두의 종이 되셨기 때문에 그분의 이름 안에 부름받은 모든 특별한 부르심은 겸손과 섬김을 향한 부르심입니다. 사역의 계단은 화려한 계단이 아니라, 종의 자리로 내려가는 후미진 계단입니다.

더 정확히 말하자면, 어떤 종들은 다른 이들보다 더 큰 책임을 부여받은 것이 사실입니다. 그렇지만 신실하지 않은 종은 이런 책임을 동료 종들을 함부로 대할 수 있는 특권으로 여길 뿐입니다(눅 12:45-46). 참된 청지기는 더 큰 책임은 더 깊은 섬김을 의미한다는 사실을 잘 알고 있습니다. 많은 것을 받은 자에게는 많은 것이 요구될 것입니다(눅 12:48).

이런 눈으로 볼 때에만 우리는 신약성경이 가르치는 복음사역의 영광을 올바로 이해할 수 있습니다. 직업적 고귀함, 쉬운 벌이, 개인적 명성 또는 사람들의 찬사 등으로 사역을 선택하는 사람은 그리스도의 사역을 거부한 것입니다. 바울은 우리가 다른 사람들의 문제를 가져와 목회자의 사랑의 짐을 삼을 때 오는 것은 무시와 굴욕, 핍박과 앓는 가슴임을 보여주었습니다.

당신은 바울이 견뎌야 했던 모든 수치를 동일하게 겪도록 부름받지는 않았을 것입니다. 그가 사도로서 부름받았던 사역은 당신의 사역보다 큰 청지기직이었으며, 그래서 *그가* 당하는 굴욕 역시 더 커야 했던 것입니다(고전 4:9-14, 고후 11:23-30).

이쯤이면 권위에 대해 이야기할 준비가 된 것 같습니다. 서로 다른 은사와 서로 다른 분량의 청지기직이 있듯이, 그리스도의 사역에도 서로 다른 정도의 권위가 부여됩니다. 특히 사도들의 경우에서 명확히 볼 수 있습니다. 바울은 자신의 권위는 그리스도께서 교회를 세우라고 주신 것이라 말합니다(고후 13:10). 즉 유일한 기초가 되시는 예수 그리스도 위에 교회를 세우는 지혜로운 건축자가 되도록 부름받았음을 그는 알았던 것입니다(고전 3:10-11).

사도라는 청지기직은 매우 특별한 것이었습니다. 그들은 그리스도의 말씀과 행하신 일, 특히 그분의 부활에 대한 증인으로 부름받았기 때문입니다. 증인으로 부름받은 사도의 역할은 유다의 자리에 맛디아를 채워 넣을 때 명확해졌습니다(행 1:21-23). 베드로는 자신의 부르심을 설명하면서 하나님께서 증인들을 미리 택하셨다고 말합니다(행 10:41-42). 바울조차도 자신의 사도직이 특별한 이유는 그가 그리스도의 지상 사역 가운데 함께한 제자가 아니기 때문이라고 변호했습니다. 바울은 "만삭되지 못하여 난 자" 같은 사도였으나, 부활하신 그리스도로부터 직접 부름받은 사람이었습니다(고전 15:8).

사도들의 사역은 그리스도의 말씀을 교회와 세상에 전하는

89

것이었습니다. 그들은 그리스도의 성령께서 그들에게 생각나게 하시는 대로 직접 보고 들은 것을 증언했습니다(요 14:26). 그들의 부르심은 이후 세대에는 계속될 수 없었는데, 이 부르심은 실제로 목격한 것을 증거하는 것이었기 때문입니다. 그리스도의 권위 자체가 그들의 사역을 통해 드러났습니다. 사도들은 하늘에 있는 지혜의 원천과 다른 별개의 것을 전하는 존재가 아니었기에 그들이 선포했던 것이 곧 그리스도의 말씀으로 드러났습니다. 그들은 입법자가 아니라 기자였고 통역자였습니다. 사도들이 교회의 기초석이 될 수 있었던 것은 오직 그리스도께서 친히 그들의 모퉁잇돌이 되셨기 때문입니다(엡 2:20).

기초를 쌓는 사도들의 사역이 계속될 수 없다고 하더라도 건물을 세워 가는 어떠한 일도 중단될 수 없는 것입니다. 사도들은 말씀의 목격자이자 사역자였습니다. 영감 받은 사도와 선지자들의 기초 위에 그리스도께서는 그분의 교회를 세우셨습니다. 그리스도의 말씀과 행하신 일은 기록되었고 그분의 복음은 설파되었습니다. 이후에 세워진 모든 사도적 교회는 이 기초 위에 존속해야 합니다. 한편 교회는 산 돌들로 이루어진 거대한 성전이 될 때까지 그 기초 위에 성장해야 합니다. 사도들의 복음을 받아들인 충성된 사람들은 다른 사람들에게도 그것을 가르쳐야 합니다(딤후 2:2). 말씀사역으로 교회가 성장하기 때문에 (롬 10:14-15, 엡 4:11-16) 이 사역은 결코 중단될 수 없습니다.

영감 받은 사도와 선지자들에 더하여 그리스도께서는 그분의 교회에 복음전도자와 목사와 교사를 주셨습니다(엡 4:11). 이런 사람들은 권위를 가지고 말씀을 전하도록 부름받았습니다. 그들은 그리스도의 복음을 처음 전했던 사도들과 동일한 영감을 받는 것은 아니지만, 복음을 가지고 사역하는 청지기직을 공유합니다.

성경 시대에 청지기들은 다른 종들을 감독하는 사람들이었습니다. 그들은 주인집의 열쇠를 가지고 살림을 관장하는 책임을 지고 있었습니다. 그들 역시 동료들과 다름없는 종이었으나 권위가 주어졌습니다.

그리스도의 집에서 청지기의 권위는 그가 전하는 말씀에 온전히 묶여 있습니다. 시몬 베드로가 성부께서 계시하신 것에 따라 예수님을 그리스도시요 살아 계신 하나님의 아들이라고 고백하였을 때 예수님은 그에게 복을 내리셨습니다. 그는 베드로 곧 반석이 되었고, 이 반석 위에 예수님은 그분의 교회를 세우겠다고 선언하셨습니다. 그리고 이어서 그리스도께서 베드로에게 천국 열쇠를 주셨는데, 그것은 하늘의 승인을 받아 땅을 매고 풀 수 있는 권세였습니다(마 16:19).

만일 우리가 베드로를 그가 했던 신앙고백과 분리한다면, 그리스도께서 주신 복은 오해를 불러일으키게 될 것입니다. 반석으로 부름받은 것은 베드로 자신이 아니라 고백자 베드로, 바로 영감 받은 사도로서의 베드로였습니다. 이는 예수께서 그를 "넘어지게 하는 자"라고 부르신 데서 분명해집니다(마 16:23). 예수님을 그리스도라 고백한 베드로는 성부 하나님의 은혜로 기초 반석이 되었습니다. 하지만 그리스도께서 십자가로 가는 길을 막는 베드로는 단지 거치는 돌이요 사탄의 입술일 뿐이었습니다.

동일하게 우리는 베드로와 다른 사도들을 구분해서도 안 됩니다. 베드로가 특별히 그들을 대변할 뿐이지, 그들도 모두 동일한 권세의 열쇠를 지닌 자들입니다. 매고 푸는 권세에 대한 설명은 마태복음 18:18에서 반복되는데, 여기서는 복수로 모든 사도 곧 교회 전체에게 적용되고 있습니다("무엇이든지 너희가 땅에서 매면 하늘에서도 매일 것이요 무엇이든지 땅에서 풀면 하늘에서도 풀리리라").

'매는 것'과 '푸는 것'은 랍비들이 행동뿐 아니라 사람 자체에도 적용시켜 사용하는 표현이었습니다. "모세의 자리에 앉은"(마 23:2) 율법 해석가들은 어떤 행위는 율법에 의해 허용될 수 없기 때문에 금지되어야 하며 허용되는 것들은 풀어 주어야 한다고 주장했습니다. 사람에게 적용할 때, 매는 것과 푸는 것은 어떤 범법에 대해 제재하는 것이거나, 회개를 한 다음 교제를 회복하는 것을 의미했습니다. 이것이 마태복음 18:18의 의미입니다. 여기서 교회의 말을 듣지 않는 사람은 이방인이나 세리와 같이 여겨야 했는데, 교회의 치리에 묶인 바 되는 것을 의미합니다.

열쇠에 관한 비유 역시 유대교에서 사용되던 것입니다. 성경은 아니지만 바룩2서 10:18은 "또한 너희 제사장들아, 너희의 열쇠를 가지고 성소로 가서 하늘의 높은 곳을 향해 던지며 주님께 드려라. 그리고 말하라. 당신의 집을 스스로 지키소서. 보소서, 우리는 거짓된 청지기들이니이다"라고 말합니다. 하나님의 청지기로서 제사장들은 사람들이 하나님의 집과 임재 가운데 들어올 수 있을지 열쇠로 승인하거나 거절했던 것입니다. 예수님은 율법주의자와 서기관들이 지식의 열쇠를 가져가 사람들에게서 하늘나라의 문을 닫아 버린 것을 정죄하셨습니다 (마 23:13, 눅 11:52).

그리스도께서는 하나님의 집의 열쇠를 가지고 계신 분이셨습니다(사 22:22, 계 3:7). 그러나 그분은 자신의 청지기들에게 그분의 이름으로 죄 사함의 복된 소식과 회개하지 않을 때 다가올 심판을 선포할 수 있는 권세를 주셨습니다. 어느 형제가 그리스도의 가장 작은 자 중 하나를 실족하게 하고 회개하지 않는다면, 그는 더 이상 교회에서 함께할 수 없고 제외되어야 합니다. 이런 결정은 한 청지기만으로는 부족하고 반드시 두 명 이상이 동의해야 하며, 그들의 결정은 그들 중에 계시는 그리스도의 임재로 말미암아 정당성을 확보할 수 있습니다(마 18:15-20).

문제를 일으킨 형제를 치리하는 데 두 사람의 증인이 필요한 것과 마찬가지로, 그리스도께서는 복음을 전하기 위해서 두 증인을 함께 보내셨습니다. 열두 사도를 보낼 때 둘씩 짝을 지어 보내셨고, 나중에 칠십 인의 제자들을 보낼 때도 그렇게 보내셨습니다(막 6:7, 눅 10:1). 여기서 우리는 그들이 어떤 권세로 복음을 전했는지를 발견하게 됩니다. 누구든지 제자들이 전하는 말을 듣지 않을 때, 그들은 집이나 마을을 떠날 때 발에 묻은 먼지를 떨어 그들이 복음을 거절한 것에 대한 증거로 삼았습니다(마 10:14, 참고. 행 13:51). 신발은 구약성경에서 법적 절차를 확정짓는 도장처럼 사용되었고(신 25:5-10) 유대교 내에서는 법정에서 본인을 증거하는 표식 가운데 하나로 사용되었습니다다. 먼지를 떨어내는 것은 그들의 말을 듣지 않은 자들에게 심판이 임한다는 하나의 엄중한 경고였습니다.

예수께서는 자신의 권세를 가지고 가르치셨습니다. 서기관들처럼 가르치지는 않으셨습니다. 예수 그리스도의 이름으로 복음을 전하도록 보냄받은 사람들 또한 권세를 가지고 복음을 전하여야 합니다. 그들은 경건에 관한 조언이나 도덕적 규율을 들고 나가는 것이 아닙니다. 그들은 하나님 나라의 전령으로서, 복음을 받아들이느냐 거절하느냐에 따라 영원한 결과가 있을 것이라고 선포해야 합니다. 복음을 받아들이는 자에게 메시아께서 주시는 평화의 복이 임한다는 사실이 선포됩니다(마 10:13). 이는 죄 용서를 선포한 것과 마찬가지입니다(요 20:21-23). 한편 하나님 나라를 거절하는 자들에게 틀림없이 심판이 임한다는 사실이 선포됩니다(마 10:14-15). 이렇게 복음을 전하는 데 하나님 나라의 열쇠를 사용하는 것입니다. 이는 사람들 앞에 아버지를 나타내시는 아들을 보여주는 것이며, 생명에서 생명에 이르게 하거나 죽음으로 죽음에 이르게 하는 표시가 됩니다.

복음전파의 권위는 성례를 통해 확증됩니다. 지상 사명에서 그리스도께서는 제자로 삼은 이들에게 아버지와 아들과 성령의 이름으로 세례의 인을 찍으라고 명령하셨습니다(마 28:19-20). 이런 세례는 요한이 장차 임할 나라를 바라보고 예비하며 정결하게 하고자 하는 의도로 베푼 세례보다 더 큰 것입니다. 이 세례는 복음 메시지를 통해 선포된 하나님 나라의 복 자체를 의미합니다. 하나님의 이름으로 세례를 베푸는 것은 곧 하나님 나라의 열쇠를 사용하는 것이며, 이로써 인간이 그리스도의 피로 죄에서 해방되었음을 선포하는 것입니다(계 1:5). 새 언약의 상징적 만찬인 성찬 역시 죄 용서의 복을 인치는 역할을 합니다. 세례와 성찬 이 두 성례는 십자가가 선포하는 바 곧 "주 예수를 믿으라. 그리하며 너와 네 집이 구원을 받으리라"(행 16:31)는 말씀을 설파합니다.

이 열쇠의 힘이 복음의 청지기를 그리스도의 자리에 놓는 것은 아닙니다. 즉 하나님의 구원 작정의 결정이 오류투성이인 인간에게 주어진 것이 아닙니다. 하나님께서 직접 말씀하신 신실한 말씀만이 이런 권위를 지닐 수 있습니다. 복음의 메시지는 그리스도의 이름으로 말미암는 것이지, 설교자의 이름에서 나오는 것이 아닙니다. 그리고 당연히 그리스도의 이름으로 말하거나 행했다고 해서 그 모든 것이 다 하늘의 인증을 받은 것은 아닙니다. 열쇠에 관한 약속 외에도 우리는 마태복음 7:22-23

말씀의 경고를 눈여겨보아야 할 것입니다. 심판주는 그리스도의 이름으로 복음을 전하는 자들, 심지어 기적을 행하는 자들에게 마지막 때에 이렇게 말씀하실 것입니다. "내가 너희를 도무지 알지 못하니 불법을 행하는 자들아, 내게서 떠나가라."

전령은 왕의 말씀을 선포하며 청지기는 자기에게 맡겨진 선한 일을 관리합니다. 하나님 말씀사역의 권위는 온전히 사역적인 것이지 제왕적인 것일 수 없습니다. 사역자는 결코 하나님의 기업을 주관하는 자가 아닙니다(눅 22:24-30, 벧전 5:3). 하나님의 말씀을 선포하는 것은 법을 새로 제정하는 것이 아니며, 사람의 전통으로 대체하는 것도 아닙니다(막 7:7-9). 말씀을 선포하는 권위는 영적인 것이며, 그 어떤 물리적 치리권이나 세속적 권력은 그리스도의 나라의 종에게 이양되지 않습니다(요 18:36-37, 고후 10:3-6, 딤후 2:24-26).

즉 복음을 전함에 있어서 그리스도의 권위가 곧 시작이며 끝이라는 것입니다.

이것은 단순한 진리이지만 양날의 검이기도 합니다. 한 날은 모든 성직자가 가질 수 있는 교만을 잘라 냅니다. 권세와 영광은 그리스도의 것입니다. 그분을 섬기는 자는 주님의 겸손한 섬김에 이르기까지 겸손한 데서 가장 잘 드러납니다(눅 22:26-

27). 가장 훌륭한 청지기는 모든 사람의 종인 것입니다.

다른 한 날은 그리스도의 참된 사역에 반하는 모든 대적을 잘라 냅니다. 만일 권위가 그리스도의 것이라면 그 권위는 존중되어야 합니다. 사람들에게 은사를 주시는 분, 말씀사역을 맡는 책임을 주신 분은 그리스도이십니다. 그리스도께서 사람들을 복음사역 가운데 부르시며, 그들을 하나님 계시의 신비를 맡은 청지기로 삼으십니다(고전 4:1-2). 모든 그리스도인이 사도인 것은 아니며, 또한 모든 그리스도인이 목사나 교사인 것도 아닙니다(고전 12:29, 엡 3:2-3; 4:11-12).

확실히 할 것은, 목사나 교사의 은사는 다른 그리스도인에게 주어지는 은사와 다른 종류의 것이 아니라는 사실입니다. 누군가가 목회적 은사를 가지고 있다고 하는 것은 바울이 말한 것처럼 각 사람에게 주어진 믿음의 분량에 따른 것입니다(롬 12:3). 목사는 진리의 말씀을 이해하고 전할 수 있어야 합니다. 다른 한편으로 모든 그리스도인은 진리에 대한 지식을 가지고 있고, 자기 형제를 권면하고 자녀들을 가르치며, 자기 안에 있는 소망에 관한 이유를 묻는 자에게 대답할 준비가 되어 있어야 합니다(엡 4:29; 6:4, 히 3:13, 벧전 3:15). 또한 목사는 그리스도의 이름으로 긍휼을 베풀 수 있어야 하며, 가난한 자와 아픈 자와 고통 가운데 있는 자를 향한 우리 구주의 동정을 나타내 보일 수 있어야 합니다. 다른 한편으로, 그리스도의 이름으로 긍휼을 나타내 보이는 은사나 책무를 갖지 않은 그리스도인은 단한 사람도 존재하지 않습니다. 그리스도의 이름으로 냉수 한 잔준 적 없으며, 병든 자와 감옥에 갇힌 자를 방문하거나 의탁할데 없는 자를 입히거나 낯선 이에게 묵을 곳을 제공해 본 적 없다면, 그는 그리스도를 섬긴 적이 없는 사람이거나 그분을 전혀알지도 못하는 사람입니다(마 25:31-46).

한편 은사를 받아 사용함에 있어서 신실함의 정도에 차이가 존재하듯, 그리스도께서 주시는 은사의 정도에는 분명한 차이가 있을 수 있습니다. 모든 이스라엘 사람은 하나님께서 주시는 물리적 힘을 은사로 받았습니다. 하지만 그들 모두에게 삼손에게 주어졌던 정도의 힘이 주어진 것은 아니었습니다. 삼손은 남다른 힘으로 다른 이들에게 주어지지 않은 사역을 하도록 부름받았던 것입니다.

말씀사역 또한 마찬가지입니다. 하나님께서는 말씀의 일꾼을 부르셔서 말씀을 올바로 이해하는 깊은 통찰력을 주시며, 그것을 선포할 수 있는 기름부음 받은 입술을 주십니다. 우리 주위를 보면 "성경에 능통한" 사람들이 있습니다(행 18:24). 복음의 청지기직은 그러한 사람들에게 부여됩니다. 그들에게 선택의 여지란 없습니다. 그래서 만일 복음을 전하지 아니하면 그들에게 화가 있을 것이라고 했습니다(고전 9:16-17, 골 1:25).

그들에게 복음을 전해야 하는 의무가 주어진 것처럼, 다른 이들에게는 복음을 들을 의무가 있습니다. 그들이 전하는 말씀을 하나님의 말씀으로 받아야 합니다(살전 2:13). 믿음으로 그 증거를 받는 이들은 그리스도께서 다시 오실 때 함께 기뻐할 것이나, 복음에 복종하지 않는 자들은 하나님의 보복의 심판을 깨닫게 될 것입니다(살후 1:8-10).

회중은 말씀사역자의 권위를 "주 안에서 다스리는" 자로 존중하여, 그들이 맡은 일로 말미암아 사랑 안에서 귀히 여겨야 합니다(살전 5:12). "너희를 인도하는 자들에게 순종하고 복종하라. 그들은 너희 영혼을 위하여 경성하기를 자신들이 청산할 자인 것같이 하느니라. 그들로 하여금 즐거움으로 이것을 하게 하고 근심으로 하게 하지 말라. 그렇지 않으면 너희에게 유익이 없느니라"(히 13:17).

성령님이 사람들을 이 직분에 두신 것입니다(행 20:28). 교회는 성령님이 주시는 그리스도의 은사와 성령 안에서 주님의 부르심을 반드시 인정해야 합니다. 교회가 한 사람을 복음사역자로 부를 때, 이는 그리스도의 부르심을 인정하고 드러내는 것입니다. 교회는 "성령과 지혜가 충만한" 사람을 찾아내어 이 특정한 일을 맡겨야 합니다(행 6:3). 이 사람의 사역 범위는 그가 가진 영적 은사가 얼마나 풍성한가에 따라 결정되기 때문에, 그가 어떤 영역에서 잘 섬길 수 있을지는 성령님이 그에게 사역하도록 허락해 주신 은사가 무엇인가에 달려 있습니다(갈 2:7-9).

다른 사역자들이나 교회 전체는 그리스도의 사역자가 될 사람에게 권한을 **위임**할 수 없습니다. 그리스도께서 그를 부르셨다는 사실을 질서 가운데 인정해 줄 수 있을 뿐입니다. 그들이 인정하는 증거는 그의 사역 인생 가운데 드러날 그리스도의 은사의 열매인 것입니다. 공적 인정이 필요한 것은 그리스도의 말씀을 맡은 청지기직은 권위를 가지고 수행되어야 하기 때문입니다. 생명의 길을 선포하고 하나님 나라의 열쇠를 사용하는 자들은 그들의 말을 유의 깊게 듣는 이들을 필요로 합니다. 이것은 곧 그들의 은사가 공적으로 인정받아야 하며, 그들의 청지기직이 온 교회뿐 아니라 특유의 은사를 받아 다스리고 가르치는 이들과의 교제 가운데서 책임 있게 받아들여져야 한다는 사실을 의미합니다.

기능적 차이

신약성경은 그리스도께서 어떤 사람들을 말씀을 위한 특정한 사역으로 부르신다는 것과 그들이 충성된 청지기로서 권위를 가지고 그 직분을 감당해야 한다는 사실을 가르치고 있습니다. 교회는 이 권위를 그리스도께서 주신 은사로 인정해야 합니다. 복음사역자라는 직분이 가진 권위에 대한 성찰은 정신을 바짝 차리게 하고 심지어 경각심을 불러일으켜야 합니다. 그 누구도 그저 하나의 직업으로 그러한 책임을 감당할 수 없습니다. 그러나 권위 하나만 가지고는 사역자의 일을 규정할 수 없습니다. 설교자가 아닌 다른 사람들도 교회에서 공인된 사역으로 부름을 받기 때문입니다. 말씀사역자로 부름받는다는 것은 정확히 무슨 의미일까요? 그 일을 감당하기 위해 그에게 필요한 특별한 은사는 무엇일까요?

복음사역자의 부르심이 교회 내의 다른 부르심과 어떻게 연관되는지 알아보기 위해 신약성경을 살펴보면, 방대한 내용을 발견하게 되지만 간략하게 요약해 놓은 부분은 좀처럼 찾아볼 수 없습니다. 신약성경은 교회 질서에 관한 상세한 설명서를 제공하지는 않아서 아주 깔끔하고 조직적인 사람에게는 은근히 실망감을 안겨 줄 정도입니다. 하나님의 말씀은 처음부터 끝까지 구속의 **역사**를 기록하고 있습니다. 그리스도 안에 있는 바로 그 진리는 요한계시록 마지막 장에 이르기까지 계속 펼쳐지고, 그리스도께서 그분의 교회를 질서 지어 가시는 것 역시 이와 함께 드러납니다. 신약성경이 무엇이 아닌지를 인식하기 위해서 우리는 단지 사해 공동체의 '훈련 교본'과 비교하기만 해봐도 됩니다.

신약성경이 법적 일목요연함이 결여된 듯 보일지라도, 내용이 풍성하면서도 영적인 적용에 용이합니다. 사용자들의 특정 요구에 부합하는 대답은 시간에 따라 변화하기 마련이므로 질서에 관한 설명서는 계속해서 개정될 필요가 있습니다. 그러한 맥락에서 하나님의 말씀은 우리에게 교회 질서의 원리를 제공해 주고 있으며, 그 원리 아래서 여러 가지로 적용해 볼 수 있는 것입니다. 그리스도의 교회가 세워지고 성장해 가는 것은 주님의 뜻과 사역을 더듬어 가는 역사 속에서 드러나게 됩니다.

신약성경이 우리에게 보여주는 것은 그리스도의 교회에 채워진 그분의 은사로 불의 혀 같은 것이 갈라지고 있는 모습입니다. 퍼붓듯 내리는 성령의 충만함이 사도들로 하여금 교회의 기초를 세우도록 무장시켰고, 그들 주위는 선지자와 기적 행하는 자, 치유자와 통치자, 설교자와 조언자, 구제헌금을 지혜롭게 관리하는 자, 고난당한 자를 격려하는 방문자들로 가득하게 되었습니다. 다양한 성령의 은사가 넘쳐나는 가운데 기독교회의 시작을 위해 특별히 중요한 몫을 차지하는 은사가 있었습니다. 이미 살펴본 대로, 성령님이 주시며 주님께서 그분의 백성에게 주시는 계시로서의 말씀은 성령의 영감으로 표출되어야 했습니다. 새 하늘과 새 땅의 징표들은 영감 받은 증인인 사도들의 증언이 참되다는 것을 알려 주었고, 그들이 설교하는 하나님 나라의 특성을 드러내기 위해 사도들에게 주어졌습니다.

바울이 나열한 성령의 은사들 중 이 특정한 은사들은, 그리스도 안에 있는 새 계시를 주거나 나타내는 것과 직접적으로 관련을 갖지 않는 은사들과 함께 언급됩니다(롬 12:6-8, 고전 12:8-10; 28-30, 엡 4:11). 그런데 여기서 우리는 바울 스스로가 교회를 세우기 위해 가장 유용한 것들을 더 강조하며 다른 성령의 은사들과 구분하고 있는 것을 보게 됩니다(고전 12:31, 13:13, 14:1-19).

신약 시대 동안 사도 시대가 끝날 것이라는 징조는 이미 있었습니다. 바울이 성령의 은사를 질서 가운데 사용하라고 강조한 것은 특별한 은사와 직분이 끝날 때가 올 것을 준비시킨 것입니다(고전 14:32-33, 40).

사도와 선지자들의 기초 위에 교회가 놓여 있으나, 이후 시대에 교회가 서는 것은 복음전도자와 목사와 교사에 의해 담당되어야 합니다. 이 사람들은 사도들과 마찬가지로 권위를 가지고 그리스도의 말씀을 가르칠 수 있는 은사를 가집니다. 이들의 사역은 말씀을 해석하고 적용하는 데 집중함으로 교회 내에서 지속되는 다른 직분들과 구별됩니다. 바울은 가르치는 은사와 뚜렷이 구별하여 다스리는 은사를 언급합니다(롬 12:8, 고전 12:28). 율법을 가르치는 공식적인 교사는 아니지만 교회 안에서도 유대인 회당에서처럼 다스리는 일을 맡은 장로가 있었음을 의미합니다(눅 22:66, 딤전 5:17). 바울은 고린도 교회 교인들이 재정적 분쟁과 관련하여 이교도의 법정 앞으로 들고 나간 것을 꾸짖으며, 이런 문제는 교회 내에서 자체적인 판결을 통해 해결하도록 종용합니다. 그리스도인들이 천사들까지도 심판하게 되리라는 것으로 보건대, 가장 자질이 없는 사람도 돈이나 재산과 같이 하찮은 문제를 다루는 데 충분합니다(고전 6:1-4).

지속해서 사역을 이끌어 나갈 필요가 있는 다른 분야는 교회 안과 밖에 있는 이들의 필요를 교회가 돌보는 문제였습니다. 여기서 '사역'은 본래 의미에 더 가까워집니다. 레위인인 그리스도인들은 곤궁한 사람들을 외면하지 않고 그들에게 먹을 것을 대접하여 고통을 덜어 주어야 했습니다.

처음에는 사도들이 각자 이 사역을 모두 감당했습니다. 즉 그들은 교회를 세워 가르치고 다스렸으며 과부와 고아들을 그리스도의 이름으로 돌보았습니다(행 2:42, 4:37). 교회가 성장하고 필요들이 늘어남에 따라, 사도들은 일곱 사람을 뽑아 가난한 자들을 섬기는 사역을 하도록 부탁합니다(행 6:2-3). 이 일곱 사람이 나중에 사용된 의미에서 집사였든, 그들을 뽑아 세운 것이 교회의 다른 직분을 만든 최초의 계기가 되었든 간에, 그들은 복음전도자였고 집사였습니다. 어느 경우든, 계속되어 나가는 교회에서 식탁을 섬기는 사역을 위한 직분이 필요했던 것만은 분명한 사실이었습니다. 여기서 식탁이라는 표현은 돈을 계수하는 책상을 묘사한 것인데, 그렇다면 이 직분은 구제 연보를 관리하고 회계하는 일을 감당했을 것입니다(참고. 마 25:27, 눅 19:23).

그리고 사도행전에서 예루살렘에 있는 장로들에 대해 지나가듯 언급하는 것을 보게 됩니다(행 11:30). 이 직분에 대한 설명이 없는 것으로 보아 익숙한 직분임을 암시하는 것 같습니다. 누가는 누가복음에서 예루살렘의 장로들을 산헤드린 공회의 한 구성원으로서 언급합니다(눅 22:52). 이로 미루어 보건대 새롭게 된 하나님의 사람들 가운데서도 비슷한 직분이 지속된 것으로 보입니다. 교리적으로 중요한 문제를 결정해야 할 때, 사도들은 홀로 결정하지 않고 장로들과 회의를 통해 결정했습니다(행 15:6). 또한 그들에게 친숙한 이스라엘의 영적 통치 체제의 형태를 따라 절차가 진행되었던 것으로 볼 수 있습니다. 예루살렘 교회에 얼마나 많은 장로들이 교사들이었으며 그리스도께서 약속하신 "천국의 서기관들"이었는지 헤아리는 것은 불가능합니다(마 23:34). 당시 유대인들의 '장로'라는 표현은 공회의 모든 구성원을 묘사하거나 서기관이나 제사장과는 구별되는 '일반' 구성원들을 설명하는 데 사용되었을 것입니다(눅 22:66).

'장로'라는 용어는 계속해서 기독교회 안에서의 직분을 나타내는 데 사용되는데, 특히 가르치는 은사를 받은 이들을 지칭하는 데 사용되고 있습니다(딤전 3:2, 5:17). '감독'이나 '감독자'라는 표현 역시 장로들을 가리키는 표현으로 사용되고 있습니다(행 20:17, 28, 빌 1:1, 딤전 3:1).

신약 교회에서 이 직분들 간의 상호 관계는 복음사역자에게 요구되는 은사의 범위를 보여줍니다. 사역자는 권위로 선포하기에 교회를 다스리는 것과 분리하여 생각할 수 없습니다. 즉 말씀 없이는 다스림도 있을 수 없으며, 또한 말씀의 공적 사역은 하나님의 신비를 충실하게 관리하는 청지기 역할을 감당하

107
3. 특별한 부르심

기 위해 반드시 하나님 나라의 열쇠를 사용하여야 합니다. 따라서 복음사역자는 반드시 교회에서 감독 곧 다스리는 자여야 합니다. 어쩌면 가르치는 은사를 받지 않은 장로들이 교회에 있을 수도 있습니다. 하지만 다스리는 은사를 받지 않은 사람이 교회의 교사가 될 수는 없습니다. 확실하게 하자면, 가르치는 은사는 말씀을 보는 통찰과 그것을 전하는 능력이 결합된 것인 바, 다스리는 데 반드시 필요한 실질적 판단력을 포함하고 있지는 않습니다. 어떤 그리스도인은 다스리는 은사가 없어도 탁월한 교사이자 신학자일 수 있습니다. 그러나 그는 교회에서 직분자로서 가르치는 자일 수는 없습니다. 교회를 좋은 방향으로 이끌어 나가기 위해 필요한 공적 설교와 가르침은 사람들의 필요에 말씀을 적용하는 권위를 포함합니다. 그리스도의 교회에서 이런 권위는 오직 장로의 지혜와 판단력을 가진 이들에 의해 행사될 수 있습니다.

집사의 은사 역시 말씀사역을 위해서 필요합니다. '집사'라는 용어는 긍휼사역과 말씀사역, 두 가지 서로 다른 특별한 역할을 나타낸다는 점에서 중요합니다(빌 1:1, 골 1:7, 살전 3:2). 말씀사역보다 더 깊은 겸손을 요구하는 섬김은 없습니다. 이런 이유로 바울은 그의 사도로의 부르심을 "예수 그리스도의 종"이라는 표현으로 묘사했으며, 또한 예수님을 위해서 사람의 종이 되었다고 말했습니다(고후 4:5).

사실 사도들이 했던 것처럼, 목회자들은 말씀으로 섬기는 일에 보다 몰두할 수 있도록 긍휼사역의 일부를 다른 이들에게 맡길 수도 있습니다(행 6:2-4). 그럼에도 말씀사역자는 반드시 집사직을 수행하는 데 필요한 은사를 가지고 있어야 합니다. 다시 말해 집사처럼 그는 기꺼이 자비를 베풀 수 있어야 하며, 분별력과 슬기로움을 가지고 자금을 운용할 수 있어야 합니다. 긍휼의 마음과 도움의 손길은 생명의 말씀을 붙들고 있는 사람의 특징이 되어야 합니다.

더 나아가, 이 각각의 사역은 저마다 깊이가 있습니다. 각각의 사역은 하나님과 사람을 섬기는 것이며, 교회와 세상을 섬기는 것입니다. 하나님께 직접 향할 때 '섬김'은 곧 예배가 되고, 교회를 향할 때 섬김은 덕을 세우는 사역이 되며, 세상을 향할 때 섬김은 선교를 의미합니다. 각 사역의 형태가 이런 깊이를 가지고 있다는 사실, 그리고 말씀사역이 다스리고 질서를 세우는 사역을 포함한다는 사실은 놀랍도록 다양한 은사와 의무들이 하나님의 사람 몫임을 말해 줍니다.

그는 긍휼히 여기는 마음으로 세상을 섬깁니다. 그가 병원에 가져간 말씀은 일면식도 없는 사람을 위로하고, 도심 길 한 복판에서 슬픔을 당한 자의 친구가 되어 주며, 그의 서재에서는 파혼 위기에 처한 커플을 상담합니다.

그는 긍휼히 여기는 마음으로 교회를 섬깁니다. 연로한 이들을 방문하고, 수술 직전에 있는 젊은이를 위로하며, 질병과 실직으로 인해 어려움을 호소하는 가정을 위해 재정적으로 도와줄 길을 찾습니다.

그는 주님 앞에서 긍휼히 여기는 마음으로 예배를 섬깁니다. 참되고 동정어린 마음으로 아픈 자와 궁핍한 자들을 위해 기도하며, 하나님 백성의 헌금을 진심어린 찬양으로 하나님께 올려드립니다.

그는 질서 정연하게 세상과 교회와 주님을 섬겨야 합니다. 사랑으로 다스리는 것은 교회를 정결하게 하나님 앞에 서게 하며 세상에서 거룩한 삶의 증인으로 드러나게 합니다. 사역자와 하나님의 백성이 "흠이 없고 순전하여 어그러지고 거스르는 세대 가운데서 하나님의 흠 없는 자녀"가 되지 않는다면, 그들은 세상에서 빛들로 자신을 나타낼 수 없을 것입니다(빌 2:15). 어떤 목회자도 관리의 의무를 경시해서는 안 됩니다. 관리의 의무는 그들의 부르심에 포함된 것입니다. 최근 조사에 따르면, 대다수의 사역자들이 그들의 시간을 관리하라는 요청에 분개한다고 합니다. 그들은 말씀과 성례 사역을 준비하고 있었지, 건축기금을 모으거나 친교만찬을 준비하는 등의 일을 관리하는 것은 다른 사람에게 넘겨주었다고 생각했던 까닭입니다. 그러한 생각은 의심의 여지 없이 바로잡을 필요가 있습니다. 때때로 교회가 지나치게 클 수 있고 잡다한 프로그램들로 너무나 분주할 수도 있습니다. 어떤 목회자는 교회 성도들에 의해 마련된 전도 프로그램을 관리하는 일에 관여하지 않으려는 것처럼 보입니다. 반면에 이따금 목회자는 다른 이들의 지도력을 배양해 주기보다 스스로 쥐고 있는 우를 범하곤 합니다. 그러나 자신의 부르심이 강단을 지키는 것이고 연구를 계속하는 것이라고 믿는 사역자라면, 주님을 섬기기 위해 자신의 사무실 책상을 바쳐야 할 것입니다.

무엇보다도 사역자는 하나님의 말씀이 자신의 청지기 직분의 가장 깊은 곳에 있어야 함을 기억해야 합니다. 공예배를 인도할 때 그는 말씀을 가지고 하나님 앞에 나아가는 사람입니다. 사람은 말씀으로만 하나님의 거룩한 산을 오를 수 있습니다. 하나님의 약속이야말로 구속받은 백성의 유일한 탄원서이기 때문입니다. 예배는 언제나 찬양의 외침과 함께 은혜의 말씀을 드러내는 메아리인 것입니다. 설교 또한 예배인데, 하나님의 이름을 부르고 그분의 긍휼하심을 선포하는 것 자체가 경배의 행위이기 때문입니다. 성찬식을 행하거나 세례를 집례하는 것 역시 말씀사역의 연속인데, 그것이 별도의 목사직이 가지고 있는 권리라기보다, 말씀을 확증하며 사람들에게 말씀을 선포하는 것의 한 부분으로 성례가 집행되기 때문입니다.

하나님 앞에 선 말씀사역자는 또한 사람 앞에 서 있는 것이기도 합니다. 그는 세상을 향해서 말씀을 선포하며, 교회에서는 그 말씀을 가지고 사역합니다. 모든 말씀사역자는 복음전도자인 동시에 목사인 것입니다. 은사는 다르기에 어떤 사람은 특별히 그리스도를 알지 못하는 사람들에게 다가가는 은사를 받았을 수도 있고, 어떤 사람은 신자를 가르치는 일에 굉장한 능력을 가지고 있을지도 모릅니다. 그래서 첫 번째 사람을 복음전도자라 부르고 두 번째 사람을 목사라고 부르며 두 사역을 구별하여 표현하는 것인지도 모릅니다. 그러나 이 둘 모두 그리스도를 증거하는 교회의 구성원으로서 말씀사역자로 부름받은 이들입니다. 복음전도자가 교회를 무시한다면 복음전도를 무시하는 목사와 동일한 잘못을 범하는 것입니다. 복음은 복음을 가장 잘 알고 있는 이들에게도 여전히 선포되어야 합니다. 믿음 안에서 성도를 세우는 가르침 역시 죄인을 회개시키는 성령께서 사용하시는 도구가 됩니다. 우리에게는 복음전도자와 목사가 모두 필요합니다. 하지만 무엇보다 두 역할을 모두 할 수 있는 사람 곧 목사적인 복음전도자와 복음전도자적인 목사가 필요합니다.

복음전도와 목회적 가르침은 모두 하나님의 말씀을 개인에게 적용하는 가르침을 필요로 합니다. 이 세 요소(복음전도, 목회적 가르침, 개인적인 적용)를 함께 이해할 때 우리는 신약성경에서 사용된 수많은 표현들이 내포된 설교를 할 수 있게 됩니다. 설교는 하나님 말씀의 선포와 설명과 적용을 모두 포함합니다. 말씀선포는 종교적 내용을 전달하는 현대의 많은 방식들과 설교를 구분합니다. 강단은 정신분석학자의 소파나 세미나실이 아닙니다. 설교자는 전령이며 선포자이지 여론조사원이 아닙니다. 신약성경에서 설교를 위한 말씀은 권위를 가지고 선포되고 있습니다. 중요한 용어들은 철학적 대화나 종교적 황홀경에서 파생된 것이 아니라 공적 생활에서 사용된 언어에서 파생된 것입니다. 설교자는 하나님께서 구속해 주셨다는 복된 소식을 널리 알리는 하나님 나라의 전령입니다. 그분의 말씀은 나팔소리처럼 울려 퍼집니다. "그와 같이 주님께서 말씀하신다." 그는 하나님이 결정적으로 간섭하신다는 사실을 증언하며 사람들로

하여금 결정하도록 외칩니다. 설교자는 학자들처럼 각주를 달아 가며 말하는 사람도 아니며, 사람들을 꼬드기기 위해 하소연하는 사람도 아닙니다. 설교자는 하나님과 사람 앞에 담대하게 서서 하늘의 전령의 권위를 가지고 자유롭게 말하는 자입니다. 사람들이 듣든 안 듣든 누군가는 그들에게 전해 주어야 합니다.

말씀선포는 복음전도를 의미합니다. 이 소식이 복된 소식이라는 이유만으로 설교자는 멈추어 서서 그 메시지를 **설명**하는 것입니다. 그는 전령일 뿐만 아니라 선생이 되기도 하는 것입니다. 신약 용어의 두 번째 어군은 설교자의 이런 기능을 중심으로 하고 있습니다. 복음은 하나님의 약속을 성취하는 것이므로 이를 가르치는 것은 너무도 중요합니다. 약속과 준비의 시대에 예언은 자주 신탁적 형태를 띠었습니다. 하나님의 말씀은 완전한 설명으로 주어지지 않았습니다. 약속된 신비가 너무나 엄청나서 사람이 하나님께서 하실 일에 대한 완전한 설명을 수용할 수 없었기 때문입니다. 부활하신 그리스도께서는 가르치는 분이셨습니다. 그분은 제자들에게 성경말씀을 가르치시면서, 곧 다가올 그분의 고통과 영광이 약속과 상징 속에 어떻게 나타나는지 보여주셨습니다. 오직 약속의 성취라는 관점에서 모든 것을 설명해 줄 수 있었던 것입니다. 부활하신 주님의 영은 교회의 스승이시며 설교자는 그분의 말씀을 설명하는 것입니다.

가르치는 자는 반드시 청중의 수준을 염두에 두어 아이들에게는 우유를 제공하고 어른들을 위해서는 고기를 제공할 수 있어야 합니다. 그 가르침은 체계적이고 발전적이어야 하며 명료하고 생생해야 합니다. 그가 전하는 것은 지혜이자 지식이며 교훈입니다. 그는 토론하고 설득하며 이성적으로 추론하고 기억을 새롭게 해주어야 합니다.

이 모든 것은 설교의 세 번째 요소로 우리를 인도합니다. 신약 용어의 세 번째 어군에서 설교는 **적용**을 의미합니다. 설교자는 권면하고, 위로하고, 책망하고, 꾸짖고, 경고하고 견책합니다(딤후 3:16; 4:2, 딛 1:9). 그는 다락방의 친밀한 교제를 하는 가운데 교회와 이야기를 나눕니다(행 20:11). 그리고 그들이 하나님께 순종하지 못할 때 권면하는 것입니다. 신약의 서신들은 그러한 권면들로 가득 차 있습니다. 오늘날도 설교를 한다는 것은 사도적 정통성뿐 아니라 사도적 현실성을 요구합니다.

어떤 방식으로든 조직된 방식으로 사역의 범위를 잡는 것은 사역이 요구하는 각양각색의 섬김이 있음을 보여줍니다. 바로 이런 이유 때문에 섬김은 칸에 딱딱 들어맞게 들어갈 수 없는 것입니다. 강단에 서는 사역자는 동시에 하나님과 교회와 세상을 향해 사역하고 있는 것입니다. 병실에서 그는 죽어 가는 성도에게 그리스도의 위로를 전해 주는 한편, 옆방 침대에 누워 있는 환자에게 복음의 능력을 증언합니다. 교회 지도자들과 회의를 하며 그는 연간 계획표를 가지고 토론하지만, 자기의 스케줄이 사역자로서의 스케줄일 뿐 아니라 하나님 아버지의 스케줄이기도 하다는 것을 염두에 둡니다. 목사로서 그는 말씀을 가지고 예배 가운데 회중을 상대로 사역할 뿐 아니라 공과공부 시간에 어린아이들을 상대로, 가정에서는 성경공부를 하러 모인 소그룹을 상대로, 여름 수련회 때는 청년들을 상대로 동일하게 사역합니다.

은사적 차이

만일 사역자의 기능에 대한 앞선 고찰들을 살펴보고도 잠시라도 주저하는 마음이 들지 않았다면, 부디 사역자가 되고자 하는 모든 생각을 버리기 바랍니다. 그러나 만일 주저하는 마음이 든다면, 용기를 내십시오. 당신이 부담을 느낀 만큼 사역을 심각하게 여기고자 하는 의지를 보인 것입니다.

그러나 심각한 문제는 또 있습니다. 이런 부르심에 알맞은 은사는 무엇일까요? 어느 누가 하나님께서 이런 섬김을 위해 자신을 무장시키고 있다고 감히 말할 수 있을까요?

그저 암담하지만은 않은 것은 바울 자신도 "누가 이 일을 감당하리요"라고 부르짖었다는 사실입니다(고후 2:16). 그러한 고백이 나오지 않는다면, 사역에 대한 당신의 관념은 차원이 낮다고 볼 수 있습니다. 더 나아가 하나님께서는 그분의 청지기가 충성스러울 때 더욱 풍성한 은혜를 주십니다. 지금은 이 모든 은사가 없을지 몰라도, 사역의 온갖 필요들이 쏟아질 때 갖게 될 것입니다. 그리고 심지어 그때가 되어서도 당신은 여전히 그리스도 예수께 잡힌 바 된 그것을 잡으려고 애쓰고 있을 것입니다(빌 3:12).

기본적으로 자신에 대해 과대평가하지만 않는다면, 당신은 복음사역을 하는 데 필요한 분야에서 하나님이 당신에게 그분의 은혜의 첫 열매를 주시고 있는지 판단해야 합니다.

그 열매들은 어떤 것들입니까?

그것들은 모두 믿음의 분량입니다. 한 사람이 가진 '선천적' 은사들이 사역의 길을 택해야 하는 개연성을 높여 줄 수는 없습니다. 하나님께서는 능력 있고 똑똑한 자가 아닌 약하고 바보 같은 자를 택하시며, 이를 통해 그분만이 유일한 구원자이심을 명백하게 하십니다. 만일 당신이 달변가라면 변호사나 외판원을 하기에 효율적일지 모르지만, 그것만 가지고 능력 있는 설교자가 될 것이라고 말할 수는 없습니다. 언제든지 조잘거릴 수 있는 혀에 자신감이 있다면, 그것이야말로 당신이 사역자가 되는 데 방해가 되는 교만일 수 있습니다. 사도 가운데 어느 누구도 웅변가가 아니었습니다. 만일 하나님께서 당신을 택하셔서 그분을 대신하여 말하라고 하신다면, 당신은 말을 잘할 수 있게 될 것입니다. 하나님께서 말주변이 없다고 주장한 모세에게 말씀하셨듯이, "누가 사람의 입을 지었"습니까(출 4:11).

하나님께서 모세에게 하신 이 말씀을 통해 우리는 두 가지 사실을 깨닫게 됩니다. 우선 우리가 가진 모든 것은 하나님께서 주신 것이고, 또 우리에게 필요한 것이라면 무엇이든 하나님께서 주실 것이라는 사실입니다. 믿음 외에 우리 안에 있는 어떤 것으로도 하나님을 섬길 수 없고 하나님의 택하심을 받을 수도 없습니다. 오직 믿음으로 우리가 가진 그리고 앞으로 갖게 될 모든 것이 그분을 섬기는 일을 위해 구별됩니다.

사역자가 가진 믿음의 은사는 그를 이끌어 그리스도께 헌신하게 만듭니다. 우리는 제자로 부름받는 것이 십자가의 부르심이라는 사실을 이미 살펴보았습니다. 이는 특히 사역자의 삶에서 명백한 것임에 틀림없습니다. 이 관점에서 당신의 부르심을 점검하십시오. 당신은 "성령에 매여" 부르시면 어디든 갈 수 있는 예수 그리스도의 종입니까?(행 20:22) 당신은 모든 것을 버리고 기꺼이 그분을 따르며, 고난 중에 기뻐하고 그리스도를 위하여 어리석은 자가 될 수 있겠습니까?(고전 4:9-13)

믿음의 헌신은 행동 곧 영적 훈련에 얼마나 기꺼이 순종하느냐에 따라 측량됩니다. 사역자는 즉시 순종하도록 훈련받은 예수 그리스도의 좋은 군사이자(딤후 2:3-4) 숙련된 운동선수이며(고전 9:24-27) 수고하는 농부이자(딤후 2:6) 충성된 청지기입니다(고전 4:2). 이런 훈련을 통해 성장하는 것이 그리스도의 부르심의 증거가 됩니다. 바울은 디모데에게 하나님이 우리에게 주신 것은 두려워하는 마음이 아니라 오직 능력과 사랑과 절제하는 마음이라고 상기시킵니다(딤후 1:7).

하나님을 향한 헌신은 또한 겸손을 만들어 냅니다. 그리스도의 온유함은 그분을 따르는 모든 종의 모습이어야 합니다(고후 10:1, 벧전 2:21-23). 오직 믿음에 헌신하는 것을 통해 그러한 열매를 맺을 수 있습니다. 이는 악하다고 정죄당할까 봐 두려워 굽신거리는 노예의 모습이 아니라, 심판은 하나님께 맡기고 사람을 두려워하지 않는 왕의 온유함입니다.

사역자의 믿음의 헌신은 반드시 믿음의 지식에 뿌리내리고 있어야 합니다. 디모데는 믿음의 말씀과 선한 가르침으로 양육받았습니다(딤전 4:6). 어릴 때부터 그는 구원에 이르는 지혜가 있게 하는 성경을 알았습니다(딤후 3:15). 하나님의 사람은 자신이 배운 것에 거하며(딤후 3:14) 배운 것에 전심전력하여 자신의 발전하는 모습이 모든 사람에게 나타나게 합니다(딤전 4:15). 사역으로 부르심을 받는 것과 성경을 사랑하는 것은 함께 가는 것입니다. 만일 당신이 디모데처럼 어려서부터 성경을 아는 특권을 누리지 못했다면, 하나님의 말씀을 읽고 배워야 하는 더 큰 의무를 지고 있는 셈입니다. 그리스도인의 믿음의 핵심인 이 습관은 복음사역으로 부름받은 사람의 삶에서는 보다 구체적인 형태로 나타나게 됩니다. 그는 성경을 이해하고 실천하는 일 모두에 자신을 헌신합니다. 믿음의 지식은 성경에 나오는 사실들을 이해하는 것 이상의 의미를 지닙니다. 그것은 성경이 전하는 메시지에 대해 삶으로 반응하는 것을 포함합니다.

이런 삶은 사도 바울이 자주 기도했던 것처럼 지혜 안에서 자라게 합니다(엡 1:17-19, 빌 1:9-10, 골 1:9-10). 하나님의 교회 안에서 지도자로 택함받은 사람은 반드시 영적인 지혜가 있어야 합니다. 지혜는 그리스도 안에서 나타난 하나님의 뜻을 매일의 삶에 적용함으로 생기는 열매입니다. 이 지혜는 때를 분별하고 기회를 붙잡으며 진리를 이해하고 잘못을 점검합니다. 지혜는 영적 성숙의 열매이지 나이로 헤아릴 수 있는 것이 아닙니다. 하나님은 젊은이와 나이 든 자 모두에게 지혜를 주십니다. 그리스도의 사역자는 모든 사람을 권면해야 하며 모든 사람을 "모든 지혜로" 가르쳐 "각 사람을 그리스도 안에서 완전한 자로 세워야" 합니다(골 1:28).

믿음의 헌신과 지혜는 특별한 의미에서 사역자의 특징입니다. 믿음과 사랑 안에서 그는 그리스도의 형상을 따라 자라 가며, 그래서 더욱 거룩해져 갑니다. 하나님을 섬기는 데 필요한 능력은 하나님과 동행하는 데서 나와야 합니다. 확실히 말하지만, 하나님은 거룩하지 않은 설교자의 말을 사용하셔서 죄인들에게 진리를 전하실 수도 있습니다. 그러나 삯꾼 목자는 진심으로 양을 돌보지 않으며, 육에 속한 사람은 하나님의 성령의 일을 이해할 수 없습니다(요 10:2, 고전 2:14). 섬김에 필요한 능력은 성령의 역사이며, 하나님께서 능력을 구하는 자에게 성령을 주시는 것입니다(눅 11:13, 행 4:31). 사역자는 기도의 삶을 통해 하나님과 동행하기를 배운 사람이어야 합니다(엡 1:16).

이런 사람은 동료 그리스도인을 섬길 준비가 된 사람입니다. 하나님을 향한 사랑이 사람을 향한 사랑의 원천이 됩니다. 그리스도인의 섬김에서 긍휼히 여기는 마음은 그리스도의 긍휼히 여기는 마음입니다. 그의 형제 중 가장 작은 자를 위해 한 일도 그리스도를 위해 한 일입니다. 바울은 그가 섬기는 이들의 어머니이자(갈 4:19) 아버지였으며(고전 4:14-15, 고후 9:2) 형제였습니다(갈 4:12, 6:1). 그는 사랑의 번민 속에서 교회의 짐을 짊어졌고, 믿지 않는 동족 유대인들을 위해 그리스도께 저주받을 것을 기꺼이 감수하기도 했습니다(롬 9:3).

이 사역은 그저 쉽사리 사람들을 만나거나 사교 행사를 즐기는 차원의 일이 아닙니다. 사역자는 첫 제자들이 그랬던 것처럼 그리스도 곁에 서서 군중들을 바라보는 그분을 바라보아야 합니다. 아직 그러한 시선을 가지지 못했다면 그는 아직 사역을 감당할 준비가 안 된 것입니다. 먼저 죄인들을 위해 울 수 없다면 그들을 정죄할 수도 없습니다. 사역자가 반드시 보여주어야 할 대접(딤전 3:2), 그가 보여주어야 할 친절과 온유함은(딤후 2:24-25) 몇 사람이라도 구원할 수 있다면(고전 9:22) 모든 방법을 동원해서라도 모든 사람에게 모든 것을 내어놓고자 하는 열망에 뿌리박고 있는 것입니다. 예수 그리스도의 사역자는 잃어버린 자를 찾고 구원하기 위해 보냄받은 그 한분을 섬깁니다.

사람들을 향한 사역자의 사랑은 그들을 대할 때 필요한 구체적인 은사들을 통해 수행됩니다. 그는 먼저 가르침의 은사를 받아야 합니다(엡 4:11, 골 1:28-29, 딤전 3:2, 딤후 2:2, 24). 우리는 믿음의 사람으로 하나님의 말씀 안에 거해야 한다는 사실을 살펴보았습니다. 그러나 가르치는 것은 통찰력이나 이해력 이상의 것입니다. 여기에는 영적 진리를 전하는 능력이 포함됩니다. 야고보는 자신이 이 은사를 가지고 있다고 너무 쉽게 생각하는 것을 경계합니다(약 3:1-2). 가르치는 사람은 먼저 듣는 자가 되어야 하며, 그 후에 자유롭게 하는 하나님의 율법을 실천하는 자가 되어야 합니다(약 1:19-25).

가르치는 사람은 일꾼입니다. 농부와 같이 그는 하나님의 밭에 심고 물을 줍니다. 또한 건축가와 같이 하나님의 집을 짓습니다(고전 3:5-15). 만일 그가 조잡한 재료 곧 나무나 풀이나 짚 따위를 사용한다면, 당장은 결과를 볼 수 있을지 몰라도 마지막 날의 심판은 견디지 못할 것입니다. 오직 유일한 기초이신 예수 그리스도 위에 부단한 노력으로 금과 은과 보석으로 지은 집만이 홍수와 불길을 견뎌 낼 것입니다.

가르치는 자는 집주인과 같이 자신의 보물 중에서 새 것과 낡은 것을 꺼냅니다(마 13:52). 그는 하나님의 말씀을 해석할 수 있고 진리의 말씀을 통해 올바른 길을 따르는 하나님 나라의 서기관입니다(딤후 2:15). 그는 모든 성경에서 그리스도의 복음의 위대한 모습을 분별함으로 "바른 말"을 봅니다(눅 24:44-45, 딤후 1:13). 그는 내주하시는 성령을 통해 맡은 바 하나님의 진리를 지킵니다(딤후 1:14). 그는 망령되고 헛된 말과 거짓된 지식의 반론을 대항해 진리를 지킬 수 있습니다(딤전 6:20).

무엇보다 그는 오래 참음과 가르침으로 하나님의 말씀을 청중의 필요에 적용할 수 있습니다(딤후 4:2). 그는 불필요한 논쟁에 휩쓸리지 않으며, 자신에 반대하는 이들의 잘못을 온유하고도 신실하게 바로잡아 줍니다(딤후 2:25).

그는 청중의 귀에 즐겁게 자신의 메시지를 조절하지 않습니다. 오히려 그들이 알아야 할 필요가 있는 것은 하나도 숨기지 아니하고 하나님의 경륜을 모두 그들에게 선포합니다(행 20:27). 그리스도께서 성부 하나님으로부터 받은 말씀을 사람들에게 주신 것처럼, 그리스도의 사역자들은 사람들에게 그리스도의 말씀을 정확하고 빈틈없이 온전하고 예리하게 전합니다(요 17:8, 딤후 4:1-2).

두 번째 능력도 가르침에 덧붙여져야 합니다. 사역자는 사람을 다스리고 이끌 수 있어야 합니다. 여기서 그의 영적 성숙이 요구됩니다. 경박하고 확신에 찬 청년은 자신이 사역자로 부름받았다고 지나치게 자신 있게 말해서는 안 됩니다. 연소함이 업신여김을 받아서도 안 되겠지만(딤전 4:12, 디모데의 '연소함'은 적어도 서른여덟 살로 추정됩니다) 젊은이가 존경을 받을 수 있는 것은 본이 되는 행동 때문이지 요란하게 인정받고자 해서가 아닙니다. 신중함과 책임감은 함께 가는 것입니다(딤전 3:2, 딤후 4:5). 목회에서 신중함이란 경성함, 주의 깊음, 현실감을 의미합니다. 술주정뱅이는 보통 세상 모르고 자거나 흐리멍덩한 상태로 생활하곤 합니다. 이와 마찬가지로, 세상적인 사역자들은 꾸벅꾸벅 졸고 있느라 그들을 엄습해 오는 곤경들을 인지하지 못하며, 잠자는 자들을 깨우기 위한 어떠한 경보도 울리지 않습니다. 그들이 주장하는 이분법적 풍요와 쾌락의 꿈은 환상에 불과하지 현실이 아닙니다. 신중함만이 현실적인 것입니다. 성경에서 말하는 신중함은 음침하거나 만성 우울증과 같은 것이 아닙니다. 왜냐하면 그것은 또한 소망에 대해서도 현실적이기 때문입니다. 숙련된 수술 집도의는 시무룩해하지 않습니다. 활기 넘치는 자신감으로 수술에 임하되 그 얼굴은 신중합니다.

경건함에서 성숙은 단지 책임감을 가지고 신중하게 일하는 것 이상의 의미가 있습니다. 사역자는 말과 생활에서 사랑과 믿음과 순결함을 보여야 합니다(딤전 4:12, 딛 2:7). 즉 그는 하나님의 사람들의 본으로 부름받은 것입니다(벧전 5:3). 하나님의 영광을 구하는 그의 행위는 그로 하여금 바울과 같이 말하게 합니다. "나와 같이 모든 일에 모든 사람을 기쁘게 하여 자신의 유익을 구하지 아니하고 많은 사람의 유익을 구하여 그들로 구원을 받게 하라. 내가 그리스도를 본받는 자가 된 것같이 너희는 나를 본받는 자가 되라"(고전 10:33, 11:1).

목회 서신은 사역자가 책망받을 것 없이 살아야 함을 강조하고 있습니다(딤전 3:2-7, 딛 1:6-8). 가정에서나 공동체에서 그의 삶은 복음의 깨끗하게 하는 능력을 증거해야 합니다. 자신의 혀와 주먹을 다스릴 수 없거나 술과 돈을 사랑하는 사람은 사역자로 안수받아서는 안 됩니다. 사역자는 선을 사랑하고 악을 미워하는 동시에 의롭고 경건해야 합니다. 그리스도께 훈련을 받지 않은 사람은 그리스도 안에서 다른 이들을 훈련시킬 수 없습니다.

끝으로, 지도자에게 필요한 성숙은 사람의 심중을 꿰뚫어보고 그들의 동기를 볼 수 있는 통찰력을 포함합니다. 가르치는 자는 온갖 교훈의 풍조에 밀려 요동하는 어린아이일 수 없습니다(엡 4:13-14). 그는 사탄의 교묘한 책략을 분별해야 하고, 거짓 교사들의 가면을 벗겨내야 하며, 엄격하게 꾸짖을 때와 따뜻하게 권면해야 할 때를 잘 알아야 합니다. 그는 젊은이부터 소년과 소녀에 이르기까지 관심을 가져야 합니다. 예수께서는 베드로에게 양 떼를 먹이라고 하셨을 뿐 아니라 어린 양을 먹이라고도 하셨습니다(요 21:15). 그리고 주님 스스로 어린아이들을 안으셨습니다(막 10:16).

모든 사람을 위해 모든 것이 되는 것은 결코 작은 은사가 아닙니다만 목회자들에게 꼭 필요한 은사입니다. 이는 긍휼히 여기는 마음에서 비롯된 이해심, 즉 각자 처한 곳에 있는 사람들을 그리스도를 위해 기꺼이 사랑하는 것에서 시작합니다. 약물 중독자와 술주정뱅이, 험담꾼과 호색가, 위선자와 모반자, 이 모두를 긍휼히 여기는 마음으로 만나야 합니다.

사역자의 은사와 부르심에 대해 이렇게 살펴보고 나면 결심하기가 더욱 어려워집니다. 누가 그런 하나님을 향한 헌신과 사람을 향한 긍휼히 여기는 마음이 있다고 할 수 있겠으며, 누가 그런 믿음의 지식과 그것을 전할 수 있는 능력이 있다고 할 수 있겠습니까? 누가 그와 같이 성숙한 경건함과 다른 이들을 인도할 지혜를 지녔다고 할 수 있겠습니까? 위대한 양들의 목자 되시는 예수 그리스도 외에 누가 있겠습니까! 그분은 한량없는 영을 지니셨고, 그분이 부르시는 사람에게 넘치도록 그 영을 부어 주십니다. 당신은 이 은사들을 미리 맛보았습니까?

오늘 당장 대답하지 않아도 됩니다. 당신은 그리스도의 사역을 할 수 있는지에 대한 가능성을 컴퓨터로 계산해 낼 수 없습니다. 그보다 당신은 그 대답을 살아 내야 합니다. 오늘 오후 차에 동승했던 이와 나눈 대화, 오늘 저녁 성령 충만함을 구한 기도, 내일 입원해 있는 이를 위한 방문 계획, 이 모든 것이 그리스도 안에서 성숙해 가는 성장의 단계들입니다. 청지기로 부름 받았는지는 청지기직 안에서 발견될 수 있습니다. 작은 일에 충성된 종에게 주님은 많은 것을 맡기실 것입니다. 열매 맺는 가지는 더 큰 열매를 맺기 위해 다듬어질 것입니다.

당신의 부르심을 놓치고 싶다면, 다음 세 가지를 따라 행하십시오. 첫째, 당신의 부르심은 미래에 있을 것이라고 생각하십시오. 둘째, 당신의 부르심이 무엇인지 도무지 알 수 없다고 여기십시오. 셋째, 그저 가만히 앉아서 주님의 부르심을 기다리기만 하십시오.

그렇습니다. 하나님은 이미 당신을 그리스도인으로 부르셨습니다. 그 부르심을 마음을 다해 이루어 가십시오. 그러면 당신에게 맡겨진 사역이 무엇인지 주님의 때에 알게 될 것입니다.

4.

분명한 부르심

우리가 감추어진 성직의 신비로운 영역으로 들어서는 것은, 사역으로의 내적 부르심과 교회의 외적 부르심이 무엇인지 알아보기 위해서가 아닙니다. 그리스도께서는 복음사역 가운데로 우리를 부르실 때 분명하게 부르시는데, 이것은 주님을 따르도록 그분께 속한 양들을 각기 이름으로 부르시는 방법 가운데 하나의 특별한 예가 됩니다.

모든 신자와 함께 사역자는 그리스도의 이름을 취하고 그분의 십자가를 지며 사람들을 그분의 나라로 인도하도록 부름받습니다. 이 부르심은 복음전도자, 목사, 교사로서 그의 위치를 특징짓는 특별한 은사들을 통해 강화됩니다. 하나님의 영께서 부어 주시는 역사로 그에게 많은 것들이 주어집니다. 그 앞에 하나님의 섭리의 기회들이 많이 펼쳐질 것이며, 하나님의 백성과 누리는 교제 가운데 그에게 많은 것들이 요구될 것입니다.

개인적 부르심

그렇다면 그리스도께서는 복음 안에서 당신을 부르셨다는 사실을 어떻게 분명하게 알게 해주실까요? 당신의 삶을 향한 주님의 뜻은 무엇입니까?

하나님께서는 그분의 뜻을 신비 가운데 감추어 두시지 않았습니다. 그분은 명확하고 온전하게 말씀하십니다. 하나님의 뜻을 알고자 하는 사람은 "하나님의 신탁" 곧 기록된 계시인 성경으로 향해야 합니다. 유대인들이 하나님의 말씀을 받았기 때문에 그것은 "지식과 진리의 모본"이었습니다. 유대인들은 하나님의 뜻을 알았고, 지극히 선한 것을 분간할 줄 알았으며, 어린 아이의 선생이 될 수 있었습니다(롬 2:17-20).

예수님은 사람들을 성경으로 인도하시며 그것이 그분을 증언했다고 선포하셨습니다. 사도들이 전한 "진리의 말씀"은 그리스도 안에서 구약이 성취된 것임을 보여주었습니다(요 5:45-

47, 엡 1:13). 영감 받은 권위로 그리스도의 사도와 선지자들은 성령께서 가르치신 진리와 성령께서 주신 말씀으로 신약성경을 기록했습니다(고전 2:13, 벧후 3:15-16).

이 신약 계시는 그리스도에 관한 계시의 종결입니다. 그리스도께서 오시기 전에는 계시가 불완전했습니다. 하나님께서는 "옛적에" 선지자들을 통하여 "여러 부분과 여러 모양으로" 우리 조상들에게 말씀하셨습니다(히 1:1). 그러나 이 마지막 날, 이 성취의 때에 하나님은 마침내 그분의 아들을 통해 우리에게 말씀하셨습니다. 이제 하나님은 지금 우리가 보고 있는 것에 더하여 성경을 주시지 않는데, 그분이 죄인들을 위해 죽을 예수 그리스도를 더 이상 보내시지 않기 때문입니다. 성경은 그리스도의 사역이 종결되고 온전히 드러났을 때 완료되었습니다. 주 예수께서 말씀하신 것들은 그 말씀을 들은 이들에 의해 확증되었고(히 2:3), 예수님의 부활 후의 더 온전한 계시 또한 예수께서 약속하셨던 대로 사도들에게 주어졌습니다(요 14:25-26). 그리스도께서는 하나님의 모든 약속의 '아멘'이십니다(롬 15:8, 고후 1:20).

그리스도 안에서 계시가 종결됨에 따라, 하나님의 뜻이 드러나는 이전 방법은 중지되었습니다. "옛적"의 것들은 성취되었고, "여러 부분과 여러 모양"은 그리스도에게서 드러난 영광의 온전함 속에 흡수되었습니다. 그리스도께서 다시 오실 때까지 교회가 나아갈 방향을 잡는 데 필요한 모든 것은 주님의 말씀 속에 주어져 있습니다. 이 말씀이 그분을 증언하기 때문입니다.

그러므로 주님의 뜻을 구할 때, 당신은 양털의 표징을 구하던 기드온의 위치나(삿 6:36-40) 대제사장의 에봇으로 신탁을 물었던 다윗의 위치(삼상 23:6-12), 심지어 때로 다른 이들 혹은 자기 자신에게 주어진 예언을 들어야 했던 바울의 위치(행 16:6-10, 21:10-11)에 있지 않습니다. 그러한 모든 것이 우리를 위해 기록되어졌고, 우리는 세상의 종말을 눈앞에 두고 있으며, 인내로 또는 성경의 위로로 소망을 갖게 되었습니다(롬 15:4, 고전 10:11). 하나님은 우리에게 우림과 둠밈 혹은 새로운 예언을 주시지 않는데 그 이유는 단순합니다. 더 이상 필요하지 않기 때문입니다. 계시의 완성은 그리스도를 통해 이미 왔습니다.

때로 우리는 예전과 같은 "여러 모양"의 계시가 우리에게 유효했으면 좋겠다고 생각하기도 합니다. 예를 들어, 과거에 제사장은 하나님의 응답이 '예스'인지 '노'인지를 판단하기 위해 우림과 둠밈을 사용해야 했습니다(출 28:30, 삼상 28:6). 혹시 당신은 신약성경을 제사장의 에봇과 맞바꿔서 그리스도보다는 이 신비로운 돌로 가부간의 응답을 받고 싶은 유혹을 느낀 적이 있습니까? 어려운 결정을 내려야 하는 고통 가운데 있을 때 아마 그렇게 원할지도 모르겠습니다. 우림과 둠밈은 하나님의 대답을 오류 없이 주었을 테니, 이를 통해 그 당시 사람들은 특정 행동의 결과가 성공일지 파멸일지 알 수 있었을 것입니다.

그보다 더 좋은 인도하심이 있을까요? 분명히 있습니다. 우림과 둠밈의 인도는 아버지가 어린아이를 "그래, 가도 좋아" 혹은 "아니, 그렇게 하면 안 돼" 하고 인도하는 것과 같았습니다.

아버지의 뜻은 완전히 명백하지만 그 뜻을 다 이해할 수는 없을 것입니다. 이해할 수 없을 때라도 순종하는 것이 아이에게 좋습니다. 하지만 이해하기 때문에 순종하는 것이 더 좋습니다. 아이는 후자를 잘 수행하기 위해 전자를 반드시 따라야 합니다. 성숙한 아들은 아버지가 자신에게 원하는 것이 무엇인지를 잘 압니다. 즉 아이는 아버지의 생각을 알고, 그런 이해는 순종의 모습을 만들어 냅니다.

예수 그리스도와의 교제에 대한 이해 없이는 끊임없이 이어지는 구체적인 규율들에 순종하기란 결코 쉬운 일이 아닙니다. 가장 큰 위험은 잘못된 이유로 순종할지도 모른다는 것입니다. 누군가는 우림과 둠밈을 기도보다 마술을 하는 데 사용하려 들지도 모릅니다. 미래에 대한 확실한 계시는 연약한 죄인들에게는 지독한 유혹입니다. 하나님은 오직 그분의 뜻 가운데서만 응답하심으로써 제사장과 에봇에 대한 그분의 주권을 유지하셨습니다(삼상 28:6). 어느 누구도 모든 상황 가운데 하나님의 직접적인 계시를 요구할 수 없었습니다.

그뿐 아니라 예수 그리스도와의 교제에 대해 이해하지 못하는 사람은 잘못된 질문을 하거나 대답의 의미를 잘못 해석할 수 있습니다. 예를 들어 다윗이 주님께 어떤 군사 작전의 성패 여부에 관해 물었을 때, 그는 성공으로 이끄는 작전이야말로 올바른 작전이라고 생각했었습니다. 당시 상황을 고려하면, 주님께 전사이자 왕으로 기름부음을 받았던 다윗의 추론은 이해할 만합니다. 그런데 사도행전 21장에서 예루살렘에 가게 되면 감옥에 갇히며 고통당하게 될 것이라고 아가보가 예언했을 때, 바울이 동일한 추론으로 반응했다고 생각해 보십시오(행 21:10-13). 만일 그랬다면, 바울이 성전의 수많은 사람들과 산헤드린과 이방인 통치자들과 황제 앞에서 그와 같이 위대한 증언을 하는 일은 일어나지 않았을 것입니다. 바울은 다메섹 도상에서 달려갈 길을 완주하지 못하고 그리스도의 부름을 성취하지도 못했을 것입니다. 바울의 순종은 마치 불순종 같아 보였지만, 자신의 사역을 향한 그리스도의 뜻을 이해했기 때문에 분명한 고난과 심지어 죽음마저도 담대히 마주할 수 있었던 것입니다. 자신을 구원하신 분과 마찬가지로 바울은 예루살렘을 향해 나아갔습니다.

예수 그리스도와의 교제 가운데 주님의 뜻을 알아 가는 것은, 즉각적이고 확실한 하나님의 대답을 얻기 위해 우림과 둠밈을 사용하는 것을 대체하는 하나의 기술이 아닙니다. 주님은 그런 것을 주시겠다고 약속하지 않으셨습니다. 그러나 주님이 당신에게 주시는 것은 그보다 훨씬 더 좋은 것입니다. 그분의 말씀 안에서 주님은 그분의 뜻의 원리들을 드러내십니다. 참으로 주님은 자기 자신을 드러내십니다. 그분의 영을 통해서 주님은 그분의 뜻을 더 잘 이해할 수 있도록 통찰력을 주시고 당신과의 살아 있는 관계를 다듬어 가십니다.

그리스도 안에는 모든 지혜와 지식의 보화가 감추어져 있으며, 그리스도인의 삶이란 그런 그리스도 안에서 걷는 것을 의미합니다(골 2:3-6). 그리스도의 말씀은 그리스도인의 마음속에 풍성히 거하며 순전한 지혜를 낳습니다(골 3:16). 하나님의 뜻은 성령으로 충만하여 새로워진 마음, 하나님의 뜻과 그리스도의 생각에 진정으로 순복하는 마음에 의해 받아들여집니다(롬

8:6-7, 27; 12:2, 고전 2:6-16, 엡 4:23).

바울은 그리스도인들이 "모든 신령한 지혜와 총명에"(골 1:9) 하나님의 뜻을 아는 지식으로 가득 차도록 기도했습니다. 그런 의미에서 하나님의 뜻을 아는 것은 우리가 무엇을 행해야 하는지에 대한 지식을 넘어섭니다. 즉 그것은 우리가 왜 이 일을 해야 하는지를 아는 것을 의미합니다.

구약성경이 말하는 지혜의 이상은 그리스도 안에 있는 이 지혜의 배경이 됩니다. 주님을 두려워하는 것은 지혜의 시작입니다. 그리고 하나님의 지혜는 복음 안에서 그분의 뜻의 비밀을 우리에게 알게 합니다(엡 1:9).

지혜는 지식의 원천을 포함한 지식입니다. 또는 더 잘 표현하면, 지식의 원천이 하나님임을 아는 지식입니다. 참된 지식은 하나님으로부터 시작하고 하나님으로 끝납니다. 성경은 오늘날 현대인들이 생각하듯 과학과 종교 사이의 대립을 결코 인정하지 않습니다. 다시 말해, 하나님이 창조하신 세상을 이해하고 창조주를 이해하는 데 오직 한 가지 지식만 있을 수 없습니다. 피조세계에 의미가 있는 것은 오직 하나님이 창조주이시기 때문입니다. 하나님이야말로 모든 지식과 지혜의 소유자이시며 피조세계는 곧 계시입니다.

욥기에서 지식의 추구는 숨겨진 보화를 찾기 위해 땅속 깊숙한 곳까지 파내려 가는 굴착 작업에 비견됩니다. 금과 은과 보석은 그와 같은 방법으로 찾을 수 있겠지만 지혜는 오직 하나님께로부터 발견됩니다(욥 28:28).

잠언에서 지혜는 하나님의 수행원으로 의인화됩니다. 하나님의 창조 사역을 기뻐하는 가운데 사람들에게 가장 귀한 선물로 주어지는 존재로 그려집니다(잠 8:22). 사람들은 자연과 역사 속에서 하나님의 지혜의 계시로 드러나는 그분의 사역을 주의 깊게 살펴야 합니다(시 19:1, 111:2, 4, 6, 10). 그러나 죄인들은 하나님의 계시된 말씀을 떠나서는 사실상 하나님의 계시를 알 수 없습니다. 시편 19편은 말씀의 계시를 이 세상의 계시와 연관시킵니다. 그리고 잠언에서 우리는 이와 같은 말씀을 발견합니다. "하나님의 말씀은 다 순전하며 하나님은 그를 의지하는 자의 방패시니라. 너는 그의 말씀에 더하지 말라. 그가 너를 책망하시겠고 너는 거짓말하는 자가 될까 두려우니라"(잠 30:5-6).

예수 그리스도 안에 있는 계시를 통해 하나님의 지혜가 진실로 인격화되어 나타났습니다. 지혜와 지식의 보화가 그분 안에 감춰져 있습니다. 그리고 그분의 말씀과 행하신 일들을 통해 하나님의 지혜가 드러납니다.

따라서 지혜의 목표는 그리스도를 아는 것입니다. 즉 그분을 섬기는 데 모든 생각을 집중하는 것입니다. 이런 지혜는 그리스도께서 계신 곳 곧 하나님의 우편에 중심을 둡니다. 그분의 나라를 보화로, 값비싼 진주로 여깁니다. 이렇게 그리스도께 초점을 맞춘다고 해서 세상으로부터 고개를 돌리는 것은 아닙니다. 그리스도는 왕이시며 그분의 능력이 이 세상 가운데 나타나기 때문입니다. 자연은 파도가 이는 바다 위를 걸으시고 구름으로 들어 올리신 예수님께 순복합니다. 역사는 하늘과 땅의 모든 권세를 가지고 그분의 목적을 이루시는 예수님께 복종합니다. 그리스도인은 생각과 삶을 그분께 순복합니다.

자신의 눈만 믿고 똑똑한 체하거나 자신의 지식을 의지하려 하는 것은 주님을 경외하는 것과 참된 지혜를 떠나는 일입니다. 그러나 그리스도께 순종함으로 지혜를 찾는 것은 진리로 이론과 실재를 연합하는 일이 됩니다. 지혜는 하나님의 계획을 파악하며 하나님의 뜻을 이룹니다.

지혜는 하나님의 계시의 관점을 그리스도 안에서 적용한다는 점에서 단지 실용적인 것만은 아닙니다. 마치 하나님의 지혜가 멸망할 죄인들에게 어리석게 보이는 것처럼, 이 세상의 지혜는 하나님께 어리석은 것입니다. 그럼에도 지혜는 실용적이며 윤리적인 것입니다. 지혜는 사람을 가르쳐 어떻게 "주께 합당하게 행하여 범사에 기쁘시게 하고 모든 선한 일에 열매를 맺게 하"는지 알게 합니다(골 1:10). 이런 이유로 바울은 그토록 긴급하고 감동적인 어조로 그리스도인들을 신령한 지혜로 채워 주시도록 기도한 것입니다(골 1:9).

사랑이나 기쁨과 같이 지혜는 "영적인 것"이며 이는 성령의 은사입니다. 참으로 그것은 성령의 생각입니다(롬 8:27). 어리석은 자는 술로 자신을 가득 채우지만, 지혜로운 자는 성령으로 자신을 가득 채우며 주님의 뜻이 무엇인지를 압니다(엡 5:15-19, 골 3:16-17). 사랑이 점점 풍성해지듯, 지혜로 분별함 역시 사랑과 함께 풍성해져 갑니다(빌 1:9).

지혜는 그 동행의 인도자일 뿐만 아니라 그리스도인이 하나님과 동행함으로 맺게 되는 열매입니다. 어떤 그리스도인도 지혜에서 완전하지는 못합니다. 지혜가 우림과 둠밈과 같은 방식으로 하나님의 뜻을 드러내 주는 것도 아닙니다. 그리스도인은 은혜 안에서 자라는 것처럼 지혜 안에서 자랍니다. 그는 하나님 말씀과 하나님의 세상에 대한 계시를 더 잘 깨닫게 되며 전자를 후자에 적용하는 법을 깨우쳐 가게 됩니다.

지식과 분별에서 성장하는 것은 그리스도인으로 하여금

"지극히 선한 것을 분별"하게 해줍니다(빌 1:10). 이 귀한 구절은 우리의 분별력을 우리가 겪는 다양한 기회들과 연관시킵니다. "중요한 일들"(지극히 선한 것을 이렇게 번역할 수도 있습니다)은 우리가 잡아야 할 기회, 내려야 할 결정, 주님이 기뻐하시는 일(엡 5:10), 그분 보시기에 선하고 기쁘고 온전한(롬 12:2) 것을 의미합니다. 우리가 여러 가능성들을 "분별"하는 것은 생각과 삶 속에서 검증하는 과정인 셈입니다. 우리는 모든 일을 분별해야 합니다. 그리고 그중 선한 것을 붙들어야 합니다(살전 5:21).

우리는 "시대"를 헤아려야 합니다. 하나님이 정하신 때가 왔을 때 미숙하게 행동하거나 행동하지 못하게 되지 않도록 하나님께서 우리에게 주신 때를 분별해야 합니다(엡 5:15, 참고. 눅 12:56). 이러한 분별은 우리로 이 악한 때에 세월을 아끼게 해줍니다(엡 5:16).

우리는 반드시 우리 자신을 분별해야 합니다. 성찬식에 나아갈 때뿐 아니라(고전 11:28) 계속해서 우리의 부르심을 검증하고(고후 13:5) 우리의 은사를 가늠해야 합니다. 하나님의 뜻을 분별하는 것은(롬 12:2) 또렷한 생각과 각자가 받은 은사에 대한 지혜로운 분별력을 포함합니다(롬 12:3). 그와 같이 스스로 헤아리는 것은 우리가 하나님께 헤아림을 받고 있음을 인식하게 합니다. 하나님은 우리를 환난으로 시험하셔서 그분 앞에서 옳다 인정함을 받게 하십니다(고전 11:19, 고후 8:2, 엡 5:19).

하나님을 기쁘시게 하는 일들을 분별해 가는 과정 속에서 우리는 계속해서 그분의 말씀에 순종하는 법과 그분의 손을 신뢰하는 법을 배워 갑니다. 그 둘은 동일시될 수 없는데, 하나님께서 우리에게 요구하시는 것(명령으로서 그분의 뜻)과 그분의 뜻을 모두 이루시는 신비로운 섭리(주권적 작정으로서 그분의 뜻)는 다르기 때문입니다. 선을 행함으로 어리석은 사람들의 무식한 말을 막는 것이 하나님의 뜻이라고 베드로가 우리에게 말한 것은(벧전 2:15) 하나님의 명령으로서의 뜻을 말한 것입니다. 베드로는 이어서 다음 장에서 "선을 행함으로 고난받는 것이 하나님의 뜻일진대 악을 행함으로 고난받는 것보다 나으니"라고 말합니다(벧전 3:17). 여기서 말하는 바는 하나님의 통치입니다. 이런 의미에서 하나님의 뜻은 그리스도의 죽음과―베드로는 이를 가리킵니다(벧전 3:18, 참고. 행 2:23)―그리스도인의 고난을 포함합니다. 하나님은 우리를 아시지만 우리는 그처럼 알지는 못합니다. 즉 우리는 하나님 작정의 신비를 알 수 없습니다. 다만 우리는 하나님께서 역사상 가장 큰 범죄자를 처벌하는 십자가를 사용하심으로 우리를 구속하셨고, 더 이상 현재에 은혜를 가져오지 않고 미래에 영광을 초래하지 않는 어떠한 고통도 우리 삶에 허용하지 않으신다는 사실을 알 수 있을 뿐입니다.

우리가 듣는 하나님의 말씀과 우리가 신뢰하는 하나님의 손을 구분하는 것은 우리가 하나님의 뜻을 분별할 때 매우 중요합니다. 우리의 임무는 무엇이 옳은지를 분별하는 것이지, 어떤 일이 일어날지 점치는 것이 아닙니다. 우리는 하나님의 말씀으로 상황을 해석하지 하나님의 명령을 상황에 맞추지 않습니다. 하나님의 뜻을 분별한다는 것은 하나님의 계시된 뜻이 오늘 우리의 현재 상황 가운데 어떻게 적용될 수 있는지를 찾아내는 것입니다.

당신은 사울 왕의 불순종을 기억하시는지요? 선지자 사무엘은 약속된 시간에 오지 않았습니다. 블레셋 군대가 믹마스에 진을 치자 사울의 군대는 간담이 녹아내렸습니다. 사울은 더 이상 하나님의 사람을 기다릴 수 없었고, 마침내 하나님의 명령을 어기고 직접 번제를 드리기에 이릅니다. 어떻게 보면 그런 상황 아래서 사울이 취한 행동은 정당하다고 볼 수 있지 않습니까? 그래서 사울은 사무엘에게 간청합니다. 그러나 하나님은 그를 왕의 자리에서 박탈하셨습니다(삼상 13:13-14). 사울의 행동은 지혜로운 것이 아니라 어리석은 것이었습니다.

사탄은 예수님도 광야에서는 환경에 지배될 수밖에 없을 것이라고 추론했습니다. 하나님은 성령의 인도 가운데 예수님을 광야로 보내셨으나 음식은 공급하지 않으셨습니다. 분명히 하나님은 그분의 아들이 굶어죽기 원하신 것은 아닐 것입니다. 그렇다면 그리스도께서는 아들로서의 능력을 사용하여 그 고통에서 스스로를 구원할 수 있었습니다. 다시 말해, 돌들로 떡을 만들 수 있었을 것입니다. 그때 그리스도께서 하신 말씀은 우리 매일의 삶에 굳게 새겨져야 할 것입니다. "사람이 떡으로만 살 것이 아니요 하나님의 입으로부터 나오는 모든 말씀으로 살 것이라 하였느니라"(마 4:4).

예수님은 하나님의 말씀을 인용하셨고 그 말씀에 순종하셨습니다. 그리고 하나님께서는 광야에서 그분의 백성을 돌보셨던 것처럼, 이제는 천사들이 와서 시종 들게 함으로 그분의 아들을 돌보아 주셨습니다. 하나님의 말씀으로 산다는 것은 그분이 명령하신 말씀에 순종하는 것을 의미하며, 마침내 우리를 구원하실 그분의 작정의 말씀을 신뢰하는 것을 의미합니다.

그런데 우리가 특정 상황**으로부터** 무엇이 옳을지를 발견할 수 없다면, 그 상황 **안에서** 무엇이 옳은지 찾아내야 합니다. 이때 확실하게 해두어야 할 두 가지 요소가 존재하는데, 하나님의 말씀이 무엇을 말씀하고 있는가와 현실의 상황이 어떠한가입니다. 하나님의 말씀은 무오합니다. 그러나 우리의 이해력과 이해한 것을 적용하는 능력은 그렇지 않습니다. 우리가 영적으로 얼마나 성숙했고 은혜 안에서 얼마나 성장했는지는 말씀을 우리 문제에 어떻게 적용할 것인지에 대해 이해하는 지혜에 영향을 미칩니다. 지혜와 함께 분별력은 자랍니다.

이 사실로 실망할 필요는 없습니다. 주님께서는 우리의 필요를 아시기 때문입니다. 주님은 우리가 감당할 수 없는 시험을 허락하지 않으십니다. 그리고 주님은 그분의 이름을 위하여 그분의 손으로 우리를 고쳐 주시고 의의 길로 인도하십니다. 때로 그리스도인들은 인생의 각각의 결정을 내리는 상황과 관련하여, 달을 향해 쏘아 올린 우주선이 단 하나의 계산 착오만으로 궤도를 이탈해 우주 공간 속으로 날아가 버릴 수 있는 상황과 마찬가지인 것처럼 생각합니다. 그런데 우주항공 과학자들의 경우 상황이 그 정도까지는 아닙니다. 무선 조종을 통해 날아가는 우주선의 비행 궤도를 수정할 수 있기 때문입니다. 하나님께서는 그러한 그들보다 뛰어나십니다. 하나님은 우리가 중대한 결정과 사소한 결정을 구분하지 못하는 것을 아시고, 또한 우리가 어리석고 지각이 없음을 아십니다. 그분은 모든 것을 아시며 우리를 그분의 손안에 지키시는 것입니다.

그렇기 때문에 이해할 수 없을 때조차 우리는 주님을 신뢰할 수 있는 것입니다. 우리가 매사에 내리는 모든 결정에 대해 확신을 가지기를 기대할 수는 없습니다. 만일 우리가 언제나 안다면, 그리고 내가 행한 행동이 유일한 옳은 결정이라는 확신을 언제나 가질 수 있다면, 우리는 고통과 흑암 가운데 하나님을 신뢰하는 법을 배울 수 없을 것입니다.

완전한 확신을 요구하는 것은 굉장한 위험으로 뛰어드는 것과 다름없습니다. 그것은 우리 자신의 감정적 상태나 확신을 자신만의 우림과 둠밈으로 만드는 것이며, 어떤 일이 단지 "왠지 아닌 것 같아서" 하나님의 뜻이 아닐 것이라고 결론짓거나, 혼자만의 강한 충동을 주님의 인도하심으로 해석해서 어떤 일로 뛰어드는 것입니다. 우리는 성령께서 우리를 거룩하게 하시지만 우리에게 새로운 계시를 주시지는 않는다는 사실을 명심해야 합니다. 우리의 확신은 하나님의 말씀에 뿌리박고 있어야 합니다. 우리는 이해할 수 있도록 조명하심을 얻을 수는 있으나 새롭게 쓰도록 영감을 얻을 수는 없습니다.

이는 결코 감정은 전혀 중요하지 않다고 말하는 것이 아닙니다. 하나님이 기뻐하시는 것이 무엇인지 분별하는 지혜는 신자의 전인격적 믿음의 반응이지 감정과 무관한 학문적 행위가 아닙니다. 당신은 어떤 상황이 갑작스레 닥쳤을 때 튀어나오는 자신의 반응에 스스로 놀란 적이 한 번쯤 있으실 것입니다. 시간이 꽤 지난 후에야 그때 반응이 무엇을 의미했는지 분석할 수 있게 됩니다. 이와 비슷하게, 편치 않은 느낌이 드는 것은 양심을 일깨워 주는 경우일 때가 많습니다.

기쁨과 평안은 그리스도께서 당신의 뜻을 찾는 이들에게 주시는 선물입니다. 당신은 그분을 섬기는 과정 속에서 얻는 그런 복들에 대해 담대하게 감사하셔도 됩니다. 이런 선물은 하나님의 뜻을 분별함으로 풍성해지며 참된 지혜로 이 은혜의 열매들을 분별할 수 있습니다. 그렇지만 하나님께서 당신의 선한 뜻으로 주신 선물을 우리가 행하는 일련의 행동을 분별하는 표지로 사용하라는 권한까지 주신 것은 아닙니다. **우리**는 우리의 행위로 헤아림을 받고 있지만, 하나님은 이루 다 헤아릴 수 있는 분이 아닙니다. 하나님의 자녀는 시편 기자와 더불어 이렇게 부르짖을 것입니다. "여호와여, 어찌하여 나의 영혼을 버리시며 어찌하여 주의 얼굴을 내게서 숨기시나이까"(시 88:14). 이에 하나님은 이렇게 대답하십니다. "너희 중에 여호와를 경외하며 그의 종의 목소리를 청종하는 자가 누구냐. 흑암 중에 행하여 빛이 없는 자라도 여호와의 이름을 의뢰하며 자기 하나님께 의지할지어다"(사 50:10).

우리는 믿음으로 살며 보는 것으로 살지 않습니다. 그리고 믿음의 여정 가운데는 때로 당장 어디로 가야 하는지 알지 못한 채 출발해야 할 때가 있습니다. 하나님이 지으시고 세우신 도성을 향해 가는 여정 위에 있다는 그것으로 족합니다. 하나님께서는 지혜를 달라는 그의 기도를 들으실 것이며 그의 발걸음을 인도하실 것입니다.

그렇다면 믿음의 지혜 안에서 당신은 어떻게 당신이 그리스도의 부름을 받았다고 생각할 수 있을까요? 한 가지 명백한 사실이 있는데, 그것은 당신의 부르심은 전적인 것이라는 사실입니다. 즉 모든 그리스도인은 "전임 섬김"으로 부름받았습니다. 우리 모두는 바울과 같이 "이는 내게 사는 것이 그리스도니"(빌 1:21)라고 말해야 합니다. 당신의 생명을 그리스도께 드리고자 하는 것만으로는 충분하지 않습니다. 당신은 자신의 십자가를 지고 주님을 좇아야 합니다. 모든 그리스도인의 영적 섬김은 자신을 산 제사로 주님께 드리고 그러한 전적인 헌신 가운데 하나님의 선하시고 기뻐하시고 온전한 뜻이 무엇인지 분별하는 것입니다(롬 12:1-2).

이런 헌신만이 그리스도인의 삶 가운데 하나님의 뜻을 분별하게 합니다. 그렇다면 무엇이 그 사람의 섬김의 형태를 결정합니까? 바울은 계속해서 이 질문에 대답합니다. 어떤 사람이 어떤 섬김으로 부르심을 받았는지는 그가 받은 은사들로 결정됩니다(롬 12:3-8). 하나님의 뜻을 분별하기 원하는 사람이라면 자신의 은사가 무엇인지 진지하게 생각해 보아야 합니다. 자신에 대해 지나치게 자만해서도 안 되지만, 그에게 믿음 안에서 주어진 영적 은사의 **분량**이 어떠한지 알아야 합니다. 받은 은사가 크면 클수록 책임도 클 것입니다.

그리스도 나라의 이런 청지기 원칙은 우리를 피할 수 없는 결론에 도달하게 합니다. 그것은 곧 **복음사역을 향한 하나님 말씀의 부르심은 그 사역에 알맞은 은사를 가진 모든 사람에게 임한다**는 사실입니다.

이러한 은사는 부활하신 그리스도께서 그분의 교회를 세우고 그분의 이름으로 모든 족속을 불러 모으기 위하여 주시는 것입니다. 어느 누구도 감히 그러한 은사를 보자기에 싸서 감추어 둘 수 없습니다. 성령께서 주신 이 부요한 은사를 가진 사람은 자신을 다른 이들의 소유로 내어 주게 됩니다. 그는 그의 입술을 통해 복음을 들을 수도 있는 모든 사람에게 빚진 자가 되니다. 사람들은 설교자가 없이 들을 수 없으며, 보냄받지 못하면 설교할 수 없습니다. 그런데 만일 그가 그리스도께 그런 은사를 받았다면, 그는 **보냄받은 것입니다**. 주님께서 그분의 교회에게 모든 족속을 가르치라고 명하실 때, "가르칠 재능을 가진" 사람이 잠잠할 수 있겠습니까?

여기에 어떠한 새로운 원리 같은 것은 없습니다. 우리는 구주를 섬기기 위해 할 수 있는 모든 것을 해야 할 뿐입니다. 종은 주인보다 크지 않습니다. 만일 예수 그리스도께서 잃어버린 자를 찾아 구원하고자 오셨다면, 그분의 이름으로 보냄받은 자들 역시 주님이 찾으신 자들을 찾아야 하고 마침내 찾게 되는 것입니다. 모든 사람에게 가르치는 은사가 주어지는 것은 아닙니다. 많은 사람들이 가족을 부양하고 궁핍한 사람을 섬기며 영적 복을 가져다주기 위해 힘쓰는 이들의 현세적 복을 예비하기 위하여 손으로 일하도록 부름받습니다(엡 4:28, 살전 4:11, 살후 3:10-12, 딛 3:8, 14). 이러한 "일반 성도"들은 사람들 앞에서 그리스도를 고백하고, 그들 안에 있는 믿음에 관해 간증하며, 자신들의 경건한 삶이 세상에서 빛으로 드러나게 합니다.

그러나 모든 그리스도인은 그리스도께서 세상에서 교회가 맡은 위대한 사명을 감당하도록 자신에게 주신 은사를 최대한 사용하여야 합니다. 성령으로 위로하는 은사를 지닌 사람은 고난 가운데 있는 이들을 찾아가야 합니다. 행정적 은사를 지닌 사람은 교회의 질서를 증진시켜야 합니다. 교회 안에서 사역자나 교사로서 하나님으로부터 자격을 얻은 사람은 말씀으로 사역하며 그리스도의 양무리를 먹여야 합니다(롬 12:6-8). 보다 큰 은사들이 열매를 맺을수록, 그 큰 은사들을 계속해서 힘써 사용할 필요가 생깁니다. 설교자는 때를 얻든지 못 얻든지 항상 힘써야 합니다(딤후 4:2). 하나님의 집을 향한 열심이 그를 집어 삼켜야 합니다(요 2:17). 하나님의 사람으로 훈련되어 가는 과정은 혹독합니다. 그는 섬김의 군사로서 자기 생활에 얽매일 수 없습니다(딤후 2:4).

설교에 은사를 가진 사람이 겪는 경험은 옛적 선지자들이 겪은 것과 같습니다. 하나님의 말씀이 그의 심장 속에서 불처럼 타올라 뼈에 사무칠 것입니다(렘 20:9). "사자가 부르짖은즉 누가 두려워하지 아니하겠느냐. 주 여호와께서 말씀하신즉 누가 예언하지 아니하겠느냐"(암 3:8).

사역을 향한 은사를 가진 사람은 다른 영역에서 성공할 능력도 있으나 그것을 선택할 자유는 없습니다. 생육하고 번성하여 땅에 충만하라는 하나님의 첫 번째 명령은 여전히 공고하니다. 그러나 지상명령이 그보다 우선순위에서 앞섭니다. 그리스도인은 사망의 세상에서 생명의 말씀을 받은 하늘 시민입니다. 베드로는 자신의 고깃배를 던져두었고, 마태는 세리업을 그만두었습니다. 만일 말씀사역의 은사를 받았다면, 당신은 그리스도의 전령의 은사를 수행하지 못하게 하는 부름으로부터 떠나야 합니다. 마르틴 루터는 수많은 복음사역자들과 마찬가지로 법률가로서 화려한 경력을 쌓았을지도 모릅니다. 그러나 그의 뼈에 사무치는 불이 그렇게 하지 못하도록 했던 것입니다.

한 젊은이가 조지아의 숲길을 운전해 내려가고 있습니다. 수백만 제곱미터에 달하는 이 숲은 이 젊은이의 관할하에 있습니다. 그는 굴지의 제지회사에서 벌목 일부터 시작해 일약 큰 삼림지대를 총괄하는 높은 지위에까지 올랐습니다. 그리고 지금은 새로 장만한 꿈의 집에서 나와 회사 미팅을 하러 가는 길입니다. 그는 한 가지 생각에 몰두하고 있었는데, 그가 생각하고 있던 것은 놀랍게도 펄프 나무 생산에 관한 것도 아니었고, 경영에 관한 문제도 아니었습니다. 그는 바로 로버트에 대해 생각하고 있었는데, 로버트는 그의 수하로 일하는 삼림감독관이자 화재관리인이었습니다. '로버트가 그리스도인이었던가? 어떻게 그에게 복음을 전할 수 있을까?' 이 젊은 경영자는 무언가

조바심이 났습니다. 그가 회심한 이후 무슨 일이 그에게 일어나고 있었습니다. 그의 두려움은 근거가 있는 두려움이었습니다. 오늘 그는 복음사역자인 것입니다.

신학교에 들어가기 위해 그가 퇴사했을 때, 그의 상관은 그가 그만두겠다고 한 이유가 사실임을 믿지 못했습니다. 대체 어떤 사람이 그런 성공가도를 뒤로하고 설교자가 된단 말입니까? 그것은 바로 사자가 부르짖었기 때문입니다(암 3:8).

대체로 성령의 그와 같은 은사가 임하면, 그것을 행사해 보고 싶은 열망이 생기게 마련입니다. 이 은사들로 인해 이 사람은 말씀 가운데로, 그리스도께로, 사람에게로 이끌리게 됩니다. 만일 누군가에게 이런 이유로 사역으로 들어가고자 하는 강하면서도 진정한 열망이 있다면, 그것은 주님께서 부르셨다는 가장 일반적인 증거가 될 것입니다. 그럼에도 이는 확실한 기준은 아닙니다. 은사와 열망이 언제나 함께 가는 것은 아니기 때문입니다.

어떤 사람은 하나님께서 주신 은사를 인정하거나 사용하기를 거부함으로써 성령을 소멸하려 할지도 모릅니다(살전 5:19). 삼손은 이스라엘을 구원하도록 강한 힘을 부여받았으나, 받은 은사를 헛되이 낭비했고 오직 개인적인 쾌락을 추구하는 사사로운 일과 관련하여 블레셋 사람들과 싸웠을 뿐입니다. 하나님의 은혜로 그의 비극적 생애가 승리로 마무리되기는 했으나, 하나님을 섬기고자 하는 열망은 섬기라고 주신 은사와 맞아떨어지진 않았던 것입니다.

바울은 디모데에게 받은 은사를 무시하지 말고 불일듯하게 하라고 촉구해야 했습니다(딤전 4:14, 딤후 1:6). 영적인 힘은 사용하지 않으면 급속히 쇠퇴하고 맙니다. 디모데는 경건한 삶과 부지런히 가르치는 일을 모두 성실하게 수행해야 했습니다(딤전 4:12-16). 그는 복음전도자의 일을 하며 자신의 직무를 완수해야 했습니다(딤후 4:5).

믿음의 헌신 없이 그리고 순종하는 삶 없이는 그 누구도 자신이 사역을 위해 부름받았다고 판단할 수 없습니다. 내일 그리스도를 어떻게 섬길지 알기 위해서 당신은 오늘 그분을 섬겨야 합니다. 자신이 받은 은사에 불을 붙이십시오. 그러면 당신을 향한 그리스도의 부르심이 명백해질 것입니다.

은사가 사용되어짐에 따라 그리스도를 섬기고자 하는 열망도 더불어 커질 것입니다. 한 젊은 집사가 그의 목사로부터 알코올중독자들이 재활치료를 받는 농장에 가서 말씀을 전할 것을 부탁받았을 때 그는 화가 났습니다. 그리고 그 요청을 거절했습니다. 하지만 목사의 눈에서 흘러내리는 눈물을 보았을 때, 그는 부끄러운 나머지 마침내 목사의 부탁을 수락하게 됩니다. 말씀을 전하고 난 뒤 그는 자신이 전한 말씀을 듣고 깊은 감동을 받은 두 사람을 만나게 되고, 그 경험은 그가 사역으로 부르심을 받았다는 것을 깨닫는 이정표가 되었습니다.

다른 한편으로, 은사를 받은 확실한 증거가 있기도 전에 사역으로 그리스도를 섬기고자 하는 열망이 강렬하게 나타날 수도 있습니다. 바울이 영적 은사에 관해 고린도 교회와 논할 때, 그는 더욱 큰 은사를 사모하라고 그들에게 가르칩니다(고전 12:31). 우리는 자신이 가진 은사를 냉철하게 판단해야 하지만, 자신에게 부족한 은사를 달라고 간절히 기도할 수도 있습니다. 만일 그의 열망이 순전하다면, 그는 하나님의 약속을 의지하여 더 큰 은사를 구할 수도 있습니다. 지혜가 부족하십니까? 하나님께 구하십시오(약 1:5). 담대함이 필요하십니까? 사도들도 담대함이 필요했고, 그래서 하나님께서 기도의 응답으로 그들에게 담대함을 주셨습니다(행 4:29-31). 심지어 바울조차도 담대히 복음의 비밀을 전할 수 있도록 기도해 줄 것을 교회에 부탁합니다(엡 6:19). 모든 성령의 은사는, 주시는 분이실 뿐 아니라 은사 자체이신 성령의 임재를 통해 주어집니다. 그리고 하늘 아버지께서는 구하는 자에게 성령을 주실 것이라고 그리스도께서 우리에게 가르치셨습니다(눅 11:13). 만일 당신이 복음사역으로 그리스도를 섬기기를 갈망한다면, 그 열망은 분명히 성령을 달라고 기도하게 하는 부르심입니다. 또한 지금은 감추어진 더 큰 은사를 주실 전조이거나 미리 맛보게 하시는 것일 수도 있습니다.

섬김의 기회를 잡는 것은 모든 그리스도인에게 중요하지만, 복음사역을 위해 부르심을 받은 사람의 경우에는 특히 더 중요합니다. 당신의 부르심이 당신의 은사를 통해 결국 결정되기에, 당신의 은사를 성장시킬수록 부르심을 보다 확증할 수 있게 됩니다. 마이너리그에서 자신을 증명하지 못한 선수를 메이저리그 팀에서 부르지는 않습니다. 섬김을 향한 하나님의 부르심은 일반적으로 섬기는 **가운데** 옵니다. 기도부터 시작하십시오. 당신의 섬김이 산 제사가 되지 못하면, 당신은 하나님을 기쁘시게 할 수 없습니다. 하지만 기도만 하지 마십시오. 당신의 부르심은 그분을 향한 당신의 말과 행동 위에 하나님께서 복을 더하실 때 명백해질 것입니다.

야구 비유를 좀 더 들어 말씀드린다면, 시즌 전 스프링 캠프에서의 전지훈련은 새로운 프로 선수를 발견하는 장이 됩니다.

마찬가지로 신학교는 사역을 진지하게 고민하는 사람들을 위한 곳입니다. 이 장소에서 우리는 말씀사역에 대한 은사와 부르심을 확인하게 됩니다. 일반적으로 신학교 경험 이전에 자신의 부르심을 확인하기란 쉽지 않습니다. 하나님께서 말씀에 대한 통찰력을 은사로 주셨습니까? 말씀을 풍성하게 설명할 수 있습니까? 신학교 수업과 공부는 이런 질문에 대답할 수 있도록 도움을 줍니다. 스프링 캠프에서의 기본 훈련이 실제 시즌과 무관하지 않은 것처럼, 학문적인 신학 훈련도 목회 경험과 무관하지 않습니다. 자신에게 가르치는 은사가 있는지 고민하는 사람에게 신학교 환경은 하나님 말씀 안에서 성장해 가면서 감사한 통찰을 얻게 할 수도 있습니다. 실질적인 섬김 역시 배움의 과정과 함께 갈 수 있습니다. 여름 교회 사역, 주말 사역 기회, 심지어 개인적 상담과 간증 등은 말씀을 세심히 공부하도록 준비시킬 것이며, 그러한 관점에서 가치 있다고 평가할 수 있습니다. 사역으로 부르셨는지 불확실하다는 것은 신학적 훈련을 받아야 한다는 것을 지시해 주는 확실한 부르심일 수도 있습니다. 하나님께서 어떤 사람을 목회 사역으로 부르시지 않았더라도, 대게 신학교 공부를 통해 다른 가르치는 사역으로, 또는 교회 사역 가운데 박식한 지도력을 행사하는 자리로 인도하십니다.

우리의 은사와 부르심을 지혜와 연관시키는 것은 그리스도께서 앞서 그분의 종들에게 보여주신 것입니다. 우리가 받은 은사를 맑은 정신과 기도하는 마음으로 헤아림으로써, 우리는 우리 앞에 놓인 사역의 범위와 종류를 판단할 수 있게 됩니다. 그러나 그리스도의 청지기는 더 큰 은사를 간구할 수 있으며 성령의 더 큰 능력을 위해 간구할 수 있습니다. 매일 다가오는 기회들을 놓치지 않고 단단히 붙잡으려는 열정 안에서, 그는 자신의 은사를 사용하여 복음을 우리 안에 선포하여 "실제적으로 역사하시는" 그리스도의 은혜를 증거하고 고백할 수 있을 것입니다.

교회의 부르심

당신을 향한 그리스도의 부르심보다 더 개인적이고 친밀한 것은 없습니다. 그리스도께서는 당신을 이름으로 부르십니다. 번호를 부르시는 것도 아니고 분류로 부르시는 것도 아닙니다. 그리스도께서 친히 선택하시는 것보다 더 선택적인 인원 선발은 없기 때문입니다. 당신의 새 이름은 그리스도의 손에 들려 있는 흰 돌 위에 기록되어집니다. 그리스도께서는 이를 아시고 언젠가 당신에게만 그 이름을 보여주실 것입니다(계 2:17).

그렇다면 당신의 부르심은 다른 어느 누구의 일이 될 수 있습니까? 당신이 주님의 부르심을 스스로 확신하기만 하면 더이상 아무 문제가 없습니까? 어째서 당신이 선택한 교회에 자신을 소개해야 하고, 회중들에게 당신이 그들의 목사로 부름받았음을 알려 주어야 합니까?

바울은 자신이 그리스도께 직접 부름받았음을 분명하게 주장합니다. 그는 "사람에게서 난 것도 아니요 사람으로 말미암은 것도 아니요 오직 예수 그리스도와 그를 죽은 자 가운데서 살리신 하나님 아버지로 말미암아" 사도가 되었습니다(갈 1:1). 그것은 또한 당신에게도 적용되어야 하지 않을까요?

물론 바울의 경우와 동일한 맥락에서 당신도 그렇게 되어야한다는 것은 아닙니다. 그리스도의 교회의 기초석인 사도로 부름받은 것은 다른 사역자들이 부름받은 것보다 더 직접적이었습니다. 바울을 포함한 모든 사도는 자신의 이름을 부르시는 예수 그리스도의 음성을 들었던 사람들입니다. 그러나 그리스도께서 하늘에서부터 당신에게 모습을 보여주시지는 않습니다. 당신을 부르시는 그분의 부르심은 사람을 통해서—사실상 사도들을 통해서—옵니다.

그런데 당신의 부르심이 사람을 **통해** 오기는 하지만, 그것이 사람**으로부터** 오는 것은 아닙니다. 바로 이 점에서 당신은 바울과 일치합니다. 사람의 부름이 아닌 그리스도의 부르심이야말로 당신의 사역의 원천이자 권위입니다.

그렇다면 사람의 부름이 어떻게 그리스도의 부르심과 관련될 수 있을까요? 바울이 갈라디아 사람들에게 보낸 서신에서 논한 내용이 이에 관한 도움이 되는 통찰을 제시합니다. 그리스도께서 바울을 부르신 것은 분명히 직접적이었고 즉각적인 것이었습니다. 그러나 바울조차도 교회의 "기둥"으로 인정받는 이들에 의해 공식적으로 인정을 받았습니다. 즉 야고보와 베드로와 요한이 그에게 친교의 악수를 청했고, 그가 이방인에게 복음을 들고 나아갈 수 있도록 했습니다(갈 2:9). 바울은 이러한 인정이 자신이 그리스도에게서 받은 권위에 다른 무엇을 덧붙이는 것은 결코 아니라는 사실을 올바르게 주장하고 있습니다. 그럼에도 그렇게 인정을 받는 것은 옳은 일이었고 교회의 질서에 부합하는 일이었습니다.

이 일에서 핵심을 바울이 이렇게 설명합니다. "야고보와 게바와 요한도 내게 주신 은혜를 알므로"(갈 2:9). 이것이 바로 사람의 부름과 그리스도의 부르심을 연결시켜 주는 원리입니다. 그리스도께서 은혜를 주시고 그 은혜와 함께 부르십니다. 영적 분별력을 지닌 사람은 이런 은혜가 어느 한 제자의 삶에서 드러 난 것을 알 수 있습니다. 교회가 그리스도의 부르심에 대한 증 거를 보게 된다면, 그것을 공적으로 인정해 줄 수 있을 뿐 아니 라 인정해 주어야 합니다.

하나님의 사람에게 부름받았음을 확신시켜 주는 성령의 은 사는 동일하게 하나님의 백성 가운데서 그 사람이 분명히 드러 나도록 합니다. 교회는 교회의 이름으로 소명을 주는 것이 아니 라 그리스도의 이름으로 소명을 주는 것입니다. 교회의 기능은 하나님의 부르심을 인지하고 인정하는 것입니다. "베드로에게 역사하사 그를 할례자의 사도로 삼으신 이가 또한 내게 역사하 사 나를 이방인의 사도로 삼으셨느니라"(갈 2:8). 승천하신 주님 은 그분의 성령의 은사로 사람을 부르십니다. 부르심을 받은 사 람은 그 은사의 청지기가 됩니다. 그는 성령을 감히 소멸해서는 안 됩니다. 또한 청지기 직분은 그의 것만은 아닙니다. 그의 은 사는 그리스도의 몸 안에서 사용되기 위한 것이며, 그리스도의 장성한 분량이 충만한 데까지 이르기까지 온 몸을 세우는 사역 을 위한 것입니다(엡 4:11-16).

교회는 이러한 은사들을 승인하고 그 은사를 사용할 수 있 는 통로를 마련해 주어야 합니다. 즉 교회는 이 은사들을 그리스도의 은사로 여겨 경의와 존중을 표해야 합니다. 권위의 은사가 올바르게 사용될 수 있기 위해서는 공적 승인이 필요하다는 사실을 앞에서 살펴보았습니다. 어떤 사람이 은밀하게 사랑하거나 기도할 수는 있습니다. 그러나 다스리고 훈계하는 것은 오직 공적으로만 가능합니다. 교회에서 인정받는다고 해서 권위가 주어지는 것은 아니며, 오직 그리스도의 은사만이 권위를 줄 수 있습니다. 교회는 그 권위를 받아들이고, 하나님의 사람 한 명에게 주어진 은사를 하나님 백성의 은사와 연결 짓습니다. 그래서 서로가 함께 은사를 나누고 교제하여 그리스도의 몸이 성장할 수 있도록 돕는 것입니다.

사도행전을 보면 교회의 이런 역할에 대한 증거를 여러 곳에서 찾아볼 수 있습니다. 예루살렘 공동체는 유다를 대신하여 열두 사도의 수를 채우기에 합당한 후보자 둘을 놓고 결정하게 됩니다(행 1:23). 사도들이 일곱 집사가 갖추어야 할 자질을 제시했을 때, 교회는 이런 영적 은사를 지닌 사람들을 택했습니다(행 6:3). 바울과 안디옥 교회의 다른 선교사들은 성령의 부르심을 받기는 했지만, 교회의 선지자와 교사들에 의해 따로 세움을 받고 보냄을 받습니다(행 13:1-3). 동일한 방식으로 디모데는 장로의 회에서 그의 사역을 위해 안수받습니다(딤전 4:14, 딤후 1:6).

물론 교회의 "따로 세우는" 일은 기도하는 가운데 이루어지는 일이며 우리 구주의 이름으로 축복하는 가운데 진행됩니다. 하나님은 더 깊은 은혜를 주셔서 이 섬김의 헌신을 인치십니다(딤전 4:14). 그러나 교회가 어떤 한 사람을 택하여 영적 은사들로 무장시키는 것은 아닙니다. 교회는 하나님이 택하신 사람을 직접적인 예언을 통해서나(행 9:15-16; 13:2, 딤전 1:18; 4:14) 은사를 판단함으로(갈 2:9) 찾을 뿐입니다.

그리스도의 은사를 공적으로 인정하는 것이 교회가 맡은 책임의 전부는 아닙니다. 은사를 질서 가운데 사용하도록 하는 것이 반드시 요구됩니다. 그리스도께서 교제 가운데 적합하게 기능할 수 있도록 몸에 그분의 은사를 심으셨기 때문입니다. 성도의 교제는 질서를 요구합니다. 고린도 교회에서 방언의 은사를 가진 그리스도인들은 교제를 세워야 한다는 원리를 잊고 오순절의 복을 바벨탑의 저주와 같은 것으로 만들어 버렸습니다. 그리스도께 받은 참된 은사를 가진 사람이라고 해서 모든 상황에서 자신의 은사를 즉각적으로 사용할 수는 없습니다. 자신의 차례를 기다리거나, 아니면 잠잠해야 하는 것입니다(고전 14:26-33).

이는 설교자들에게도 해당됩니다. 사도행전의 일곱 "집사"들이 교회에 의해 부름을 받기 전부터 은사를 지니고 있었던 것처럼, 하나님의 사람이라면 완전히 사역에 자신을 드리기 전에도 사역을 위한 은사로 무장했을 수 있습니다. 젊은 사람들은 하나님의 때를 기다리기 힘들어하지만, 하나님은 언제나 완벽한 지혜 가운데 사람과 때를 연결시키십니다.

그리스도인이 질서 가운데 교제를 행하는 것은 많은 경우에 **언제 어디서** 섬길 것인지를 포함합니다. 교회는 베드로와 바울에게 주어진 은사가 그들의 사역 영역을 구분한다는 사실을 인정했습니다. 두 사람 모두 온전한 사도적 권위를 지녔으나, 한 사람은 특별히 유대인을 위해서 보냄을 받고 다른 한 사람은 이방인을 위해서 보냄을 받게 됩니다(갈 2:7-10). 사도들의 사역을 구하던 교회들이 제시한 필요들이 바울과 그의 동역자들의 자리를 결정하는 데 중요한 역할을 했습니다(고후 1:15-23, 빌 2:12, 19-25).

사역자도 교회도 하나님의 은사와 부르심에 대한 서로의 관점을 자의적으로 무시해서는 안 되겠습니다. 교회가 선교사 지망생에게 어디로 가서 어떤 사역을 할지에 대해 선교위원회에 위임하는 서약을 하게 하는 것은 그리스도의 부르심을 지나치게 행정적으로 단순화시키는 잘못을 저지르는 것입니다. 다른 한편으로, 개인적인 기도 가운데 가슴에 사무치는 진정성으로 주님께서 가라고 하시는 곳을 찾고자 하는 선교사 지망생은, 그곳을 찾아낼 수 있는 정해진 수단으로부터 자신을 고립시키고 있는 것일지도 모릅니다. 그는 자신의 그리스도인 형제들의 권면을 무시해서는 안 됩니다. 한편 교회는 분명한 은사를 지닌 사람을 가장 필요로 하는 곳이 어디인지 찾고 있습니까?

그리스도의 부르심은 우리를 구주께로 이끌 뿐 아니라 형제들에게로 인도합니다. 우리는 교회 공동체 안에서 성도의 교제를 통해 우리의 부르심을 실천에 옮겨야 합니다. 우리의 부르심을 찾는 과정 역시 그 안에서 이루어져야 합니다. 수건과 대야를 가지고 형제의 발을 씻는 일에서 당신의 부르심을 발견하십시오. 그와 함께 감옥에 갇힌 사람을 방문하고 거기서 당신의 부르심을 찾아보십시오. 당신은 다른 사람들이 당신의 은사가 무엇인지 알아채기도 전에 사역을 향한 부르심을 이미 확신하고 있을지도 모릅니다. 그렇지만 만일 당신이 복음의 교제를 성실히 가진다면, 당신이 끼치는 유익이 모두에게 드러날 것입니다. 그리스도의 부르심은 그리스도의 교회에 의해 인정받게 될 것입니다. 혹은 그리스도께서 당신을 부르셨다는 첫 암시를 당신의 삶 가운데서 주님의 복의 증거를 본 동료 그리스도인의 입을 통해 받게 될지도 모릅니다. 당신의 부르심이 가장 먼저 당신에게 명백하게 다가왔는지 당신의 형제에게 먼저 보였는지는 결정적으로 중요한 문제가 아닙니다. 오늘날 그리스도의 복음은 어린 시절부터 사역을 향한 열망에 불타올랐던 수많은 사람들에 의해 전해지고 있을 뿐 아니라, 친구들이 기도하는 가운데 솟아오르는 두려움을 억제하며 자신의 부르심을 두고 씨름했던 더 많은 사람들에 의해 전해지고 있습니다. 중요한 것은, 당신이 받은 그리스도의 은사를 자각하는 것과 교회가 그것을 인지하는 것이 함께 이루어져야 한다는 사실입니다.

이런 점에서 일상의 교제를 대체할 수 있는 것은 없습니다. 그리스도의 말씀으로 사역하도록 세움을 받는 그날, 당신은 그분의 백성 한가운데 있게 될 것입니다. 이 섬김의 한 부분으로 성도의 교제를 필요로 합니다. 예배하는 회중과 말씀을 선포하는 하나님의 사람과 기도하는 것과 손을 들어 축복하는 것과 복음 안에서 교제하는 것 등이 모두 말씀사역에 필요한 부분들입니다. 이런 섬김은 혼자만의 부르심을 봉인하는 기이한 방법이 될 것입니다. 당신은 안수받는 그날 그리스도의 교회 가운데서 그리스도에 의해 최초로 세움을 받는 것이 아닙니다. 당신은 지금 당장 동료 그리스도인들이 필요하며, 그들 또한 지금 당신이 필요합니다. 개인적으로 영혼을 탐구하는 것만으로는 당신이 사역에 부름을 받았는지 결정짓기에 충분하지 않습니다. 하나님 백성의 판단을 반드시 구해야 합니다. 물론 공식적으로 교회가 판단하는 날이 오기 훨씬 이전에 먼저 비공식적으로 판단이 이루어진 것은 사실입니다. 목회자와 그리스도인 친구들의 조언과 비판을 기꺼이 받아들이십시오. 개인적인 묵상이나 상담이 당신의 부르심을 증명할 수는 없습니다. 이는 당신이 그리스도의 몸된 교회를 활발하게 섬기는 가운데 하나님의 복으로 주어지는 것입니다.

물론 교회에서 올바른 교제를 하는 데 필요한 사역은 그리스도 안에서 발견되어야 합니다. 의와 불의는 함께할 수 없고, 빛과 어둠은 연합할 수 없으며, 그리스도와 악마 벨리알은 화합할 수 없습니다. 젊은이들은 때로 나름의 이유를 들어 교회의 조언을 불신하곤 합니다. 교회의 질서가 가진 힘이 다른 복음을 섬기는 방향으로 돌아선다면, 영적 폭정이 시작되고 사역 후보자에게 디딤돌이 되기보다 거치는 돌이 되어 버릴 것입니다. 목회 서신에서 발견되는 거짓 교사들을 향한 경계가 오늘날 교회만큼 절실히 요구되는 때는 없었습니다. 적그리스도가 있다고 해서 자신을 구주로부터 멀어지게 해서는 안 되는 것처럼, 우리는 거짓 교회의 존재가 자신을 참된 교회로부터 멀어지게 해서는 안 됩니다.

당신이 부르심을 받았다는 것을 분별하기 위해서 당신은 하나님의 아들(예수 그리스도)과 교제를 해야 하고, 하나님의 아들들(교회)과도 교제해야 합니다.

당신은 사역으로 부르심을 받았습니까? 만일 당신이 어둠으로부터 그리스도의 빛으로 부르심을 받았다면, 당신은 분명 **사역**으로 부름을 받은 것입니다. 당신은 힘을 다하여 주님을 따르라고 부르신 그분을 찬양해야 합니다. 만일 당신이 병든 사람과 갇힌 사람 섬기기를 거부한다면, 당신은 그리스도를 거절하는 것입니다. 만일 당신이 죄 가운데 잃어버린 사람에게 전혀 관심이 없다면 당신은 그리스도의 사랑을 모르는 것이며, 잃어버린 사람을 찾을 때 천국의 기쁨을 알지 못하는 것입니다.

그렇다면 질문은 이것 하나입니다. 하나님이 그분을 섬기도록 당신에게 어떤 힘을 주셨습니까? 당신이 할 수 있는 것은 **반드시** 해야 합니다. 그리고 당신은 기껏해야 무익한 종임을 알아야 합니다.

복음사역을 위한 은사를 가지고 있습니까? 그렇다면 그리스도께서 사람이 닫을 수 없는 문을 당신 앞에 열어 주신 것입니다. 당신에게 이 은사가 주어진 것은 삼십 배도 아니요, 육십 배도 아니요, 백 배의 열매를 맺으라고 주신 것입니다.

추수할 것은 많으나 일꾼은 부족합니다. 추수의 주님께 기도하고 그분의 이름으로 나아가십시오. 당신 안에서 착한 일을 시작하신 그분께서 예수 그리스도의 날까지 이 일을 온전히 이루실 것입니다(빌 1:6). 예수님은 열두 제자를 부르시기 전날 밤새 기도하셨습니다(눅 6:12-13). 그분은 당신을 부르실 때 하늘에서 당신을 중보하시며 밀 까부르듯 당신의 믿음이 시험당할 때 무너지지 않도록, 모든 나라와 족속 앞에서 당신의 이름을 품기에 합당한 택함받은 그릇이 되도록 기도하고 계십니다.